LIBERTY

25 projets de

COUTURE FACILE

TEXTES DE LUCINDA GANDERTON & CHRISTINE LEECH

Photographies de Kristin Perers Illustrations de Lucinda Ganderton

LE TEMPS APPRIVOISÉ

TITRE ORIGINAL : *The Liberty – Book of simple sewing*
Première publication en langue anglaise parue en
Grande-Bretagne en 2013 chez Quadrille Publishing Ltd

ÉDITION ANGLAISE
DIRECTION ÉDITORIALE : Jane O'sha
DIRECTION ARTISTIQUE : Helen Lewis
RESPONSABLE ÉDITORIALE : Lisa Pendreigh
ÉDITION : Alison Wormleighton
ASSISTANAT D'ÉDITION : Romilly Morgan
CONCEPTION DU PROJET : Lucinda Ganderton, Christine Leech
DIRECTION ARTISTIQUE : Claire Peters
MISE EN PAGES : Jim Smith
PHOTOGRAPHIES : Kristin Perers
STYLISME : Twig Hutchinson
ILLUSTRATIONS : Lucinda Ganderton
MANNEQUINS : Alex Marshall (FM London), Benjamin, Aurelie, Basil
DIRECTION DE LA PRODUCTION : Vincent Smith
CONTRÔLE DE LA PRODUCTION : Sarah Neesam

ÉDITION FRANÇAISE
DIRECTION ÉDITORIALE : Anne-Sophie Pawlas
ÉDITION : Amélie Rioual
TRADUCTION ET ADAPTATION DE L'ANGLAIS : Delphine Nègre-Bouvet
MISE EN PAGES : Cyril Tissot-Daguette
RELECTURE : Christine Pfister

ISBN : 978-2-299-00244-6
Dépôt légal : octobre 2014

Le Temps Apprivoisé
7 rue des Canettes
75006 PARIS

http://www.letempsapprivoise.fr

Achevé d'imprimer en Chine en juillet 2014

SOMMAIRE

Dans les créations du livre, les propositions de tissu indiquées dans les parties fournitures comportent à la fois le nom du modèle ainsi que le coloris choisi. Cela vous permet d'obtenir exactement le même résultat que les projets photographiés, si vous le souhaitez. Tous les tissus Liberty sont disponibles en boutique et en ligne (voir p. 160).

INTRODUCTION

La couture n'est pas forcément compliquée : il suffit de savoir faire une couture droite pour pouvoir réaliser toutes sortes d'objets pour votre maison – rideaux, jetés, coussins, etc. En ajoutant quelques connaissances supplémentaires à votre répertoire, comme les coutures arrondies ou les ourlets au point glissé, vous serez à même de réaliser la plupart des projets de cet ouvrage, du grand brise-bise (p. 24-27) à la petite poupée de chiffon (p. 80-87). Inutile d'être une couturière chevronnée pour obtenir des résultats dignes d'un professionnel : toutes les réalisations s'adressent aux débutantes, et les plus compétentes pourront également y trouver de quoi alimenter leur potentiel créatif.

Le Liberty a toujours été synonyme de qualité, d'élégance, voire de luxe. À la fois contemporains et traditionnels, les tissus Liberty se distinguent par leur caractère intemporel, comme en témoigne cet ouvrage, qui propose vingt-cinq travaux de couture tout simples pour décorer votre intérieur dans le style Liberty. Les techniques artisanales du matelassage, par exemple, s'allient au design graphique des chevrons (p. 70-75), tout en offrant une palette de différents tissus Liberty, soigneusement assortis.

LIBERTY – 25 PROJETS DE COUTURE FACILE a été écrit pour présenter la diversité des imprimés Liberty, servir de source d'inspiration à ses lecteurs et offrir un incroyable choix d'ouvrages originaux à réaliser pour la maison. Parmi ceux-ci, des créations classiques, comme les coussins, mais aussi des objets plus insolites comme le chemin de table décoré au pochoir, tous caractérisés par un usage imaginatif des tissus et, souvent, par un judicieux assortiment des couleurs et des motifs.

Des réalisations comme les cadres en patchwork (p. 34-37) ou la guirlande florale (p. 88-91) peuvent facilement être confectionnées en un après-midi, et même se faire à partir de chutes de tissu. À l'inverse, les projets comme le jeté de canapé rayé (p. 144-149) demanderont plus de temps, mais seront sans aucun doute adoptés d'emblée par toute la famille et pour longtemps.

FOURNITURES ET MATÉRIEL DE BASE

Les boutiques et rayons mercerie, tout comme les sites de loisirs créatifs en ligne, regorgent de gadgets séduisants, mais sachez que les réalisations de cet ouvrage ne nécessitent que quelques outils élémentaires. Si ceux de qualité s'avèrent souvent onéreux, ils vous aideront à obtenir des résultats professionnels et durables. Conservez votre matériel dans une boîte fermée, ou réalisez le vide-poches couture (p. 108-113) pour garder vos outils à portée de main.

AIGUILLES

Chaque activité manuelle utilisant son propre type d'aiguilles, commencez par vous procurer un assortiment conséquent. Les aiguilles existent dans différentes grosseurs : plus le chiffre est élevé, plus l'aiguille est fine. Rangez-les dans un porte-aiguilles ou gardez-les dans leur paquet ; dans les pique-épingles, vous risquez de les perdre.

- Les aiguilles longues s'utilisent pour coudre ou bâtir à la main. Elles sont dotées d'un petit chas rond, destiné à enfiler un seul brin de fil.
- Les aiguilles mi-longues ou à matelasser sont plus courtes et plus fines, et faciles à glisser dans plusieurs épaisseurs de tissu.
- Les aiguilles à broder sont munies d'un chas allongé, adapté au coton à broder. Elles s'enfilent facilement et conviennent à toutes sortes de tâches.

DÉS À COUDRE

Les dés et autres protège-doigts sont essentiels si vous cousez beaucoup à la main, et indispensables quand vous matelassez (il en faut alors un pour chaque main). Les dés en acier se trouvent dans différents gabarits, ce qui permet d'en trouver un à sa taille, mais les versions en silicone léger sont idéales, car elles épousent parfaitement la forme de votre doigt.

ÉPINGLES

Les épingles de couturière font 2,5 à 3,5 cm de long et sont dotées de toutes petites têtes. Elles ne laissent pas de marques dans le tissu, ce qui convient parfaitement au Liberty. Les épingles à tête de verre sont plus faciles à manipuler et se voient bien sur les tissus à motifs. Rangez-les dans une boîte en fer (fixées sur un petit aimant) ou sur un pique-épingles.

ÉPINGLES DE SÛRETÉ

Les grosses épingles de sûreté, ou de nourrice, servent à passer du ruban ou de l'élastique dans une coulisse – il vous en faudra une pour le sac à cordon (p. 137-139) ou les pantalons de pyjama (p. 118-123). Les épingles de matelassage remplacent le bâti traditionnel au moment du montage. Leur forme incurvée les rend faciles à piquer dans les trois épaisseurs de tissu et de molleton.

OUTILS DE COUPE

Il vous faudra trois paires de ciseaux différentes, chacune dédiée à une tâche particulière :

- Les ciseaux de couturière servent à couper le tissu, mais jamais le papier, car cela émousserait les lames. Les ciseaux à manche incliné permettent de garder la lame inférieure bien à plat contre la table et de couper les grands pans avec précision.
- Les ciseaux ordinaires peuvent servir à couper de petites quantités de tissu, ainsi que tous vos gabarits et patrons.
- Les petits ciseaux à broder, très pointus, sont parfaits pour couper les fils, entailler les coutures et réduire les coins.

Le cutter rotatif à lame circulaire s'utilise toujours avec une règle de patchwork en plastique transparent et une plaque de coupe autocicatrisante. Ces outils sont conçus pour le patchwork, mais sont aussi un moyen rapide et précis de préparer de grands carrés ou des rectangles de tissu aux dimensions voulues.

OUTILS DE MESURE

Un long mètre ruban, si possible rétractable, est indispensable. Une petite règle en plastique sera également très pratique pour vérifier les largeurs d'ourlet et de coutures.

MATÉRIEL DE MARQUAGE

Les feutres effaçables à l'air sont une innovation très appréciable : leurs pigments sensibles à la lumière s'estompent avec le temps, et peuvent donc servir à tracer les surplus de couture, à marquer les patrons ou les contours à broder sur les tissus les plus fins, sans laisser de trace d'encre. La craie de tailleur traditionnelle s'utilise sur les tissus épais et foncés, et le crayon HB peut servir à faire des marques légères, qui seront recouvertes ultérieurement.

REPASSAGE
Repassez bien votre tissu avant de le couper et repassez chaque couture au fur et à mesure. Un vaporisateur à eau permet de venir à bout des plis récalcitrants et l'amidon donnera du corps aux tissus fins.

FIXATION ET COLLAGE
Outre votre nécessaire à couture, il vous faudra quelques fournitures de base : de la colle PVA, adhésif liquide soluble à l'eau qui devient transparent en séchant, du ruban adhésif double face, des clous décoratifs et 1 petit marteau, 1 agrafeuse.

FIL
Ayez toujours une bobine de fil blanc dans votre boîte à couture, ainsi que quelques fils de couleur vive pour le bâti. Lorsque vous achetez du fil pour un ouvrage particulier, assortissez la couleur aussi précisément que possible à celle du tissu. Si vous ne trouvez pas de fil parfaitement coordonné, optez pour une nuance un peu plus foncée. Veillez également à faire correspondre les fibres : un fil fin de coton mercerisé est idéal pour coudre les tissus Liberty Tana Lawn, et le fil en coton et polyester se prêtera idéalement aux tissus Linen Union et Kingly Cord, plus épais. Utilisez du fil à matelasser pour assembler vos patchworks et quilts.

TOILE THERMOCOLLANTE DOUBLE FACE
Cet entoilage réactif à la chaleur est protégé par un papier. Vous l'utiliserez pour décalquer, couper et thermocoller vos applications ainsi que pour faire adhérer deux épaisseurs de tissu.

REMBOURRAGES ET MOLLETONS
Les magasins d'ameublement proposent une vaste gamme de coussins déjà rembourrés de plume, coton ou synthétique, dans différentes tailles standard. Les formes moins conventionnelles pourront être rembourrées de fibre polyester, à condition qu'elle réponde aux normes de sécurité. Cela s'applique aussi au rembourrage pour jouets, qui doit être lavable. Les coussins plats, comme les galettes de chaise (p. 28-33), sont rembourrés d'une mousse de 2 cm d'épaisseur, que l'on peut couper aux ciseaux. Pour couper des mousses plus épaisses, faites appel à un magasin spécialisé.

AVANT DE COMMENCER

RÉALISER LES PATRONS
Bon nombre de réalisations – dont les sets de table et les coussins à motifs – se font à partir de simples bandes, de carrés et de rectangles de tissu, dont les dimensions sont données dans la partie « coupe ». Pour réaliser un patron de ces formes, tracez la largeur et la profondeur sur du papier de couturière (il s'agit d'une grande feuille de papier quadrillé à carreaux de 1 cm de côté) et découpez le long des lignes imprimées. Pour aller plus vite, vous pouvez aussi utiliser un cutter rotatif, une règle de patchwork et une plaque de coupe.

Pour les petits ouvrages, comme la poupée « Libby » et ses habits (p. 80-87), les gabarits sont donnés sous la forme de modèles réduits à photocopier directement sur la page, en les reproduisant à 200 %. Les gabarits plus grands, comme les pantalons de pyjama, sont présentés en version encore plus réduite sur une grille. Dessinez-les à taille réelle sur du papier de couturière, en recopiant la ligne à l'intérieur de chaque carreau sur son équivalent agrandi. Recopiez les repères sur votre patron et nommez chaque pièce précisément.

Pour certaines réalisations, la taille et la forme sont variables et dépendront par exemple des dimensions de votre fenêtre ou de votre abat-jour. Des instructions claires vous aideront à prendre les mesures et à déterminer les proportions de ces créations. Avant de couper le tissu, assurez-vous toujours que votre patron est à la bonne taille.

TRAVAILLER LE TISSU
En examinant attentivement vos tissus, vous remarquerez qu'ils se composent de deux séries de fils entrelacés perpendiculairement. Les fils longs et verticaux installés sur le métier prennent le nom de chaîne et forment la longueur ou le « sens lisière ». Les fils horizontaux tissés entre les fils de chaîne prennent le nom de trame, et forment la largeur ou le « sens travers ». Les bords tissés s'appellent les lisières. Coupez-les toujours avant de commencer, car elles sont formées de fils très serrés.

Vos patrons doivent toujours être placés bords parallèles aux lisières, et dans le droit-fil, c'est-à-dire dans le sens des fils de chaîne ou de trame pour que les pièces ne se déforment pas une fois coupées.

Sur les tissus Liberty imprimés de petits motifs répétitifs, la position des gabarits n'a pas beaucoup d'importance ; en revanche, sur les tissus dotés de motifs plus gros, il convient de faire coïncider les motifs sur chaque pièce. Pour cela, il faut prévoir du tissu supplémentaire. Centrez les gros motifs et, si vous travaillez avec des rayures ou du vichy, assurez-vous que les patrons sont parallèles aux lignes.

COUPER LE TISSU

Repassez votre tissu avant d'épingler les patrons, puis lissez-le bien à plat sur le plan de travail. La double flèche dessinée sur le patron indique le sens du droit-fil, et doit toujours pointer du haut vers le bas du tissu. Découpez le pourtour du patron avec les ciseaux de couturière, en maintenant le manche bien à plat et en travaillant à grands coups nets.

CONNAÎTRE SA MACHINE À COUDRE

Il existe beaucoup de modèles, de la version plastique entrée de gamme aux modèles électroniques ultrasophistiqués. Adressez-vous à un revendeur renommé, essayez les différents modèles et discutez avec les vendeurs, mais ne vous laissez pas tenter par les modèles les plus chers. Lisez soigneusement le manuel, qui doit comporter des informations techniques ainsi qu'un chapitre sur les éventuels dépannages.

Pour des travaux de couture simples, il vous faut une machine fiable dotée de quelques fonctions de base : la capacité de gérer les tissus épais, le point zigzag pour surfiler les coutures et un point droit ordinaire à tension régulière. Vous utiliserez le pied-de-biche standard pour tout sauf pour la pose de fermetures à glissière, et vous n'aurez pas besoin de pied pour boutonnière ou d'autre pied plus spécialisé pour les réalisations de ce livre.

Certaines machines à coudre ajustent automatiquement le pied-de-biche en fonction du poids du tissu, mais sur la plupart, il vous faudra actionner une manette. N'oubliez pas de le faire, car un tissu Liberty Tana Lawn nécessite moins de pression qu'un tissu Liberty Linen Union. Faites toujours correspondre le calibre de l'aiguille au tissu à coudre : une aiguille fine pour le linon de coton et une aiguille plus grosse pour la toile ou le calicot. Changez régulièrement votre aiguille, car une pointe émoussée ou abîmée peut générer des points irréguliers. Et si votre machine n'est pas munie d'un boîtier rigide, vous pouvez envisager de confectionner votre propre housse (voir p. 134-137).

OURLETS ET GANSES

Il existe 2 façons de terminer un bord : en le rentrant et en le piquant de façon à former un ourlet, ou en le gansant d'un biais.

OURLET SIMPLE

Surfilez le bord du tissu au point zigzag ou au point de surjet. Côté envers vers vous, rentrez le bord selon la largeur d'ourlet donnée en l'aplatissant au fer au fur et à mesure. Vérifiez régulièrement la largeur à l'aide d'une règle. Épinglez le rentré, puis piquez juste au-dessous des zigzags ou cousez à la main.

OURLET DOUBLE

Cette finition plus solide se compose de deux rentrés et sert à ourler les rideaux et les vêtements. Pliez et repassez le premier rentré comme ci-dessus, puis mesurez et repassez un deuxième rentré pour cacher le bord de coupe. Épinglez et bâtissez, puis cousez à 3 mm de la pliure intérieure.

BORD GANSÉ

Pour ganser les bords d'un patchwork, vous pouvez utiliser du biais du commerce (il en existe en Liberty) ou confectionner votre propre ganse avec du tissu assorti ou contrasté. Coupez une longue et étroite bande de quatre fois la largeur finie. Pliez-la en deux, repassez-la, puis rabattez les bords au fer sur la pliure centrale et dépliez.

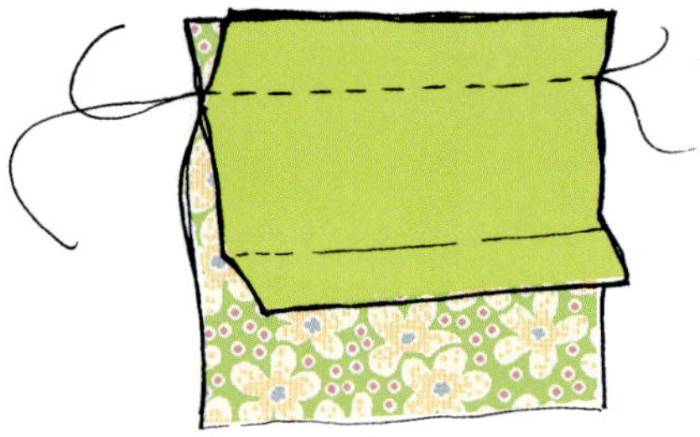

Épinglez le biais le long du patchwork, bord à bord et endroit contre endroit. Piquez le long de la première pliure.

Repliez la pliure inférieure, rabattez le biais par-dessus le patchwork et bâtissez-le sur l'envers. Cousez au point glissé ou piquez juste sous le bord intérieur du biais. Pour ganser un bord arrondi, comme ceux du couvre-cafetière (p. 62-65), vous devrez utiliser du biais du commerce et l'ajuster délicatement afin qu'il épouse la forme du tissu.

COUTURES

Avant de coudre définitivement deux pièces de tissu, il convient de les assembler provisoirement avec des épingles ou un bâti. En les tenant bord à bord et endroit contre endroit, insérez une épingle à chaque coin, puis sur tout le bord. Vous pouvez placer les épingles parallèlement au bord ou, si vous n'envisagez pas de bâtir la couture, les placer perpendiculairement, afin de pouvoir les retirer facilement à mesure que le tissu passe sous le pied-de-biche. Une ligne de bâti, ou faufil, faite de grands points devant, facilite la couture à la machine. Faites le bâti juste en dessous de la ligne de couture, avec un fil de couleur contrastée.

La largeur de la marge de couture – tissu qui dépasse de la couture, que l'on appelle aussi réserve ou surplus – est indiquée dans chaque réalisation. Pour les tissus légers, elle est généralement de 1 cm, et de 1,5 cm pour les tissus plus épais. Pour éviter les écarts de largeur, faites coïncider les bords de coupe avec l'une des lignes parallèles gravées sur la plaque à aiguille de votre machine. Tenez le tissu dans cette position pendant que vous le passez sous le pied-de-biche.

Repassez chaque couture terminée afin d'obtenir une finition bien nette. La marge de couture peut être repassée sur un côté, mais dans les ouvrages nécessitant une couture plate, mieux vaut ouvrir la couture au fer : pour cela, écartez soigneusement les deux parties de la marge de couture avec la pointe du fer.

COUTURE DROITE

Endroit contre endroit, cousez les deux bords en tenant compte de la largeur de la marge de couture. Il vaut toujours mieux consolider les deux extrémités d'une couture à l'aide de quelques points arrière. Puis ouvrez la marge de couture au fer ou rabattez-la sur un côté, selon les instructions.

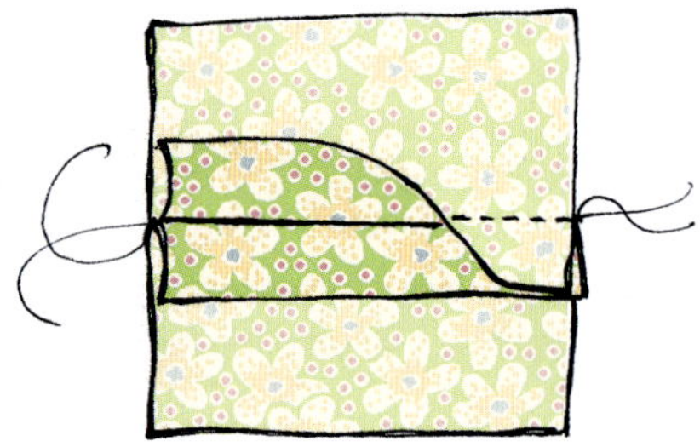

COUTURE ANGLAISE

Cette couture fermée donne un aspect très soigné sur l'endroit comme sur l'envers, et s'utilise sur le brise-bise (p. 24-27). Épinglez les deux bords envers contre envers et piquez à 1 cm du bord. Réduisez la marge de couture à 4 mm et repliez le tissu endroit contre endroit en enfermant les bords de coupe. Pour plus de précision, bâtissez les deux épaisseurs, en veillant à ce que les points longent bien le bord. Piquez à nouveau, en tenant compte de la marge de couture indiquée, puis rabattez la couture au fer sur un côté.

BORDS SURJETÉS

Les coutures de vêtements doivent être soigneusement surfilées afin de ne pas s'effilocher au lavage. Après avoir effectué une première piqûre droite, réduisez la marge de couture si nécessaire, puis surjetez ou surfilez les bords au point zigzag avant de repasser.

SURPIQÛRE

La surpiqûre renforce une couture et donne une finition soignée. Après avoir effectué une première piqûre droite, rabattez la marge de couture au fer sur un côté puis piquez les trois épaisseurs sur l'endroit, à 3 mm de la ligne de piqûre, en utilisant l'espace intérieur du pied-de-biche comme repère.

COUTURE CONVEXE

Cette technique s'utilise pour la taie festonnée (p. 102-107), les coussins en forme de nuages et le mobile (p. 18-23). Commencez par réduire la marge de couture à 6 mm. Le long d'une couture convexe, crantez la marge de couture en pratiquant de petites entailles triangulaires à 3 mm de la piqûre. Cela réduit l'épaisseur et permet à la couture de rester bien plate lorsqu'elle est retournée sur l'endroit et repassée.

COUTURE D'ANGLE

Piquez le long de la marge de couture jusqu'au coin. En laissant l'aiguille enfoncée, soulevez le pied-de-biche et faites pivoter le tissu avant de piquer l'autre bord. Réduisez l'épaisseur en coupant un triangle de tissu à l'angle. Retournez sur l'endroit et faites soigneusement ressortir la pointe avec un crayon ou une aiguille à tricoter.

COUTURE CONCAVE

Effectuez une série de petites entailles droites dans la marge de couture d'une couture concave. Cette technique s'utilise pour la taie festonnée (p. 102-107), les coussins et le mobile en forme de nuages (p. 18-23).

COUTURES RENFORCÉES

Les bandoulières et les anses, comme la laisse de chien par exemple (p. 48-49), doivent être dotées de piqûres renforcées. Rentrez 1 cm au fer et bâtissez. En partant du coin inférieur gauche, piquez un rectangle à l'extrémité de l'anse, continuez jusqu'au coin supérieur droit, rejoignez le coin supérieur gauche, puis le coin inférieur droit avant de revenir au point de départ. Vous pouvez marquer le contour à la craie au préalable.

COUDRE À LA MAIN

Une préparation soigneuse combinée à une couture main donnera une finition professionnelle à n'importe quel ouvrage. Voici les 4 points de base à connaître pour coudre, froncer, bâtir, ganser et refermer les ouvertures.

POINT DEVANT

Ce point simple s'utilise pour assembler, froncer et matelasser. Les espaces et les points sont de même longueur, soit entre 5 et 8 mm selon l'épaisseur du tissu. Avec la pratique, et une longue aiguille, vous devriez pouvoir effectuer deux ou trois points à la fois. Pour bâtir, faites des points plus longs ou suivez les instructions du bâti de couturière ci-dessous. Effectuez une ligne de points devant pour froncer à la main, en tirant sur le fil pour former un volant.

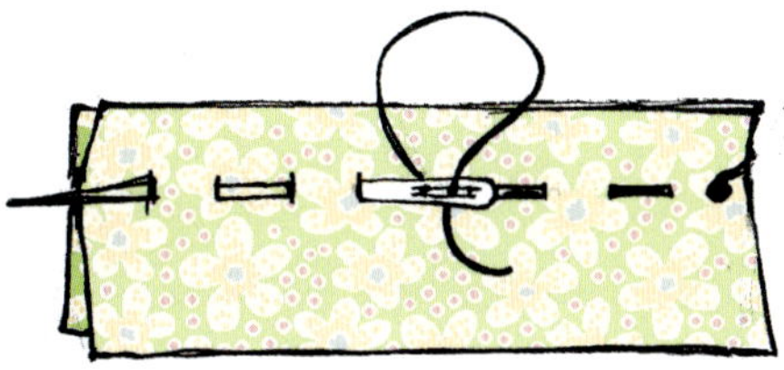

BÂTI DE COUTURIÈRE

Des points de bâti, ou de faufil, permettent d'assembler deux pièces de tissu avant de les piquer à la machine. La longueur de chaque point importe peu à condition que la couture soit bien droite, mais comptez environ 2 cm pour des tissus épais et 1 cm pour des étoffes plus fines. Les points sont deux fois plus longs que les espaces intermédiaires.

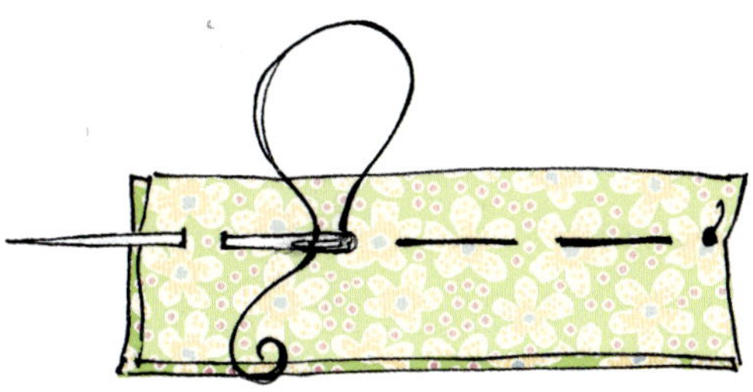

POINT DE SURJET

Ce point s'utilise pour fixer des passementeries, comme le galon à pompons des galettes de chaise (p. 28-33). Effectuez une ligne de petits points obliques sur le bord de la passementerie, avec un fil coordonné.

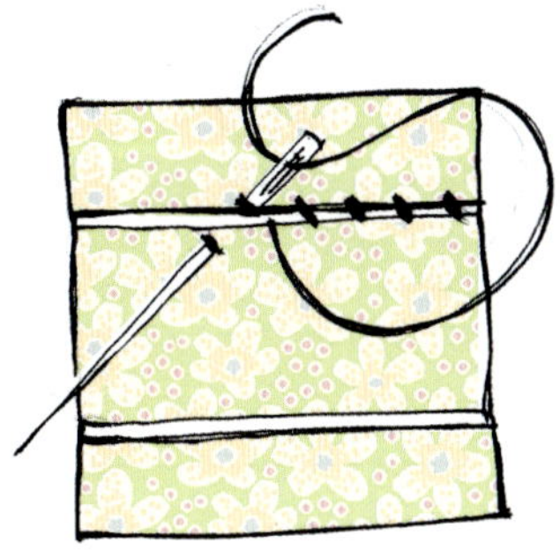

POINT GLISSÉ

Ce point d'assemblage produit une couture plate et très discrète. On l'utilise pour assembler deux bords rentrés de part et d'autre d'une ouverture, comme celle des coussins en forme de nuages.

Faites sortir l'aiguille dans le rentré inférieur et, en la maintenant à l'horizontale, piquez-la dans le rentré supérieur, juste au-dessus du point de départ. Faites-la ressortir 5 à 7 mm plus loin le long du rentré, puis repiquez-la juste en dessous. Répétez jusqu'à la fin de la couture.

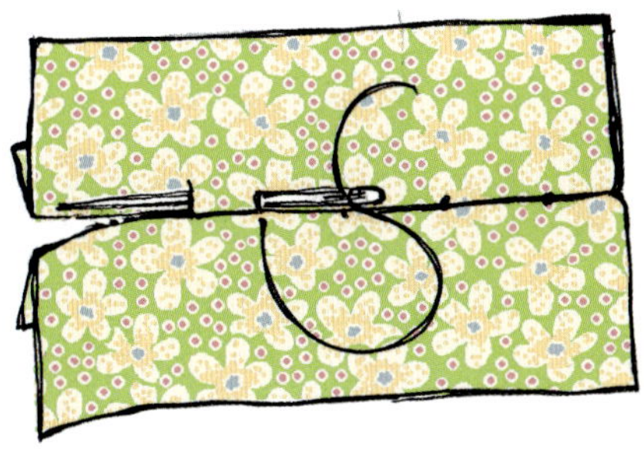

Le point glissé peut aussi servir à assembler un bord rentré à une simple épaisseur de tissu. Faites ressortir l'aiguille dans le bord rentré et piquez-la dans le tissu juste au-dessus. Effectuez un point en ne prenant que deux ou trois fils du tissu, puis repiquez l'aiguille dans le bord rentré de façon à la faire ressortir 5 à 7 mm plus loin. Répétez.

PATCHWORK ET APPLIQUÉ

Un patchwork se compose de 3 épaisseurs : le dessus, ou « top », constitué de pièces assemblées entre elles, le molleton qui donne de la chaleur et de l'épaisseur, et la doublure en tissu uni.

Pour couper rapidement les pièces du dessus-de-lit à chevrons, servez-vous d'une plaque de coupe, d'une règle de patchwork et d'un cutter rotatif. Remplacez régulièrement les lames, qui s'émoussent avec le temps. Le patchwork se réalise traditionnellement avec des marges de couture de 6 mm. Cette largeur est indiquée sur la plupart des pieds-de-biche, mais vous pouvez aussi vous procurer un pied à matelasser, plus étroit.

Il existe plusieurs types de molleton à insérer dans le patchwork. Le polyester est épais et gonflant, et facile à laver et à sécher. Le coton et les fibres de bambou sont plus légers et donnent un joli drapé à l'ouvrage. Ces fibres ont tendance à rétrécir un peu au lavage, mais cela donnera au patchwork davantage d'épaisseur et de texture.

Vous pouvez assembler deux pièces de tissu pour la doublure, mais un lé entier permet de gagner du temps. Servez-vous d'un vieux drap en bon état ou achetez de la toile dans une grande largeur et dans un coloris assorti au patchwork.

MATELASSAGE

Une fois les trois épaisseurs assemblées, il convient de les matelasser à la main. Utilisez du fil à matelasser et une petite aiguille fine. Le point de matelassage n'est autre qu'un petit point devant très régulier, effectué soit « dans le creux » – c'est-à-dire sur la couture assemblant les pièces –, soit 4 à 6 mm à l'extérieur de la couture, comme un contour. Avec un peu de pratique, vous trouverez votre technique préférée, en gardant une main au-dessus de l'ouvrage et une main en dessous. Roulez la partie non utilisée et posez-la soit devant vous sur la table, soit sur vos genoux.

Traditionnellement, les nœuds de départ doivent rester invisibles. Faites un tout petit nœud au bout du fil et faites sortir l'aiguille au point de départ. Tirez doucement le fil et vous sentirez le nœud traverser le tissu. Faites un point arrière pour le fixer, puis cousez le long de la piqûre. Terminez par trois petits points arrière, les uns sur les autres, et piquez l'aiguille dans le molleton. Faites-la ressortir à 3 cm et coupez le fil à ras. Il sera caché à l'intérieur du patchwork.

Les petits ouvrages comme le couvre-cafetière peuvent être matelassés à la machine à l'aide de piqûres parallèles régulièrement espacées. Assurez-vous de bien bâtir les épaisseurs ensemble pour éviter tout décalage. Les réalisations de plus grande envergure nécessitent un pied transporteur, qui minimise les risques de mouvement.

APPLIQUÉS

TOILE THERMOCOLLANTE DOUBLE FACE

Cet accessoire indispensable à l'art de l'appliqué est un adhésif sensible à la chaleur monté sur papier. En fondant sous l'action du fer à repasser, il permet de faire adhérer deux tissus ensemble. Il en existe de différentes épaisseurs. Choisissez une toile épaisse pour les tissus lourds et une toile fine pour les étoffes légères.

En gardant à l'esprit que le motif sera inversé, décalquez le contour sur le côté papier de la toile thermocollante et découpez-le grossièrement. En suivant les instructions du fabricant, repassez la toile sur le tissu d'application, puis découpez le long de la ligne de crayon. Détachez le papier, placez le motif – endroit sur le dessus – sur le tissu de fond et repassez, en posant et en levant le fer plutôt qu'en le faisant glisser. Terminez les bords de coupe par un étroit point de bourdon machine, dans un fil coordonné ou contrasté. Certaines machines proposent un point de feston ou d'épine, plus décoratif.

RÉALISATIONS

NUAGES MOELLEUX

Pour réaliser cet ouvrage en forme de cumulus, vous n'aurez besoin que d'à peine 1 mètre de coton d'épaisseur moyenne dans votre motif préféré.

IL VOUS FAUT

pour le grand coussin
- 70 x 90 cm de tissu Liberty Lifestyle dans l'imprimé de votre choix (ici, Garnett coloris C)

pour le coussin moyen
- 110 x 35 cm de tissu Liberty Lifestyle dans l'imprimé de votre choix (ici, Woolf coloris C)

pour le petit coussin
- 100 x 30 cm de tissu Liberty Lifestyle dans l'imprimé de votre choix (ici, Catherine coloris C)

Pour tous les coussins
- Du fil à coudre coordonné
- 500 g de rembourrage polyester standard
- 1 machine à coudre
- 1 nécessaire à couture

LE GABARIT

Reproduisez le gabarit de la page 151 à 250 %, 325 % ou 400 % selon la taille du coussin.

LA COUPE

Dans le tissu Liberty Lifestyle de votre choix
2 nuages de la taille choisie (dont 1 en miroir)

Les coussins sont tous faits de la même manière, quelle que soit leur taille.

GARNETT *s'inspire de plusieurs motifs Liberty des années 1930. Il fut imprimé pour la première fois sur du lainage, en 1971.*

❶ ÉPINGLER LA HOUSSE

Placez les 2 nuages endroit contre endroit. Faites coïncider les courbes et épinglez le bord extérieur, en laissant une ouverture de 15 cm en bas.

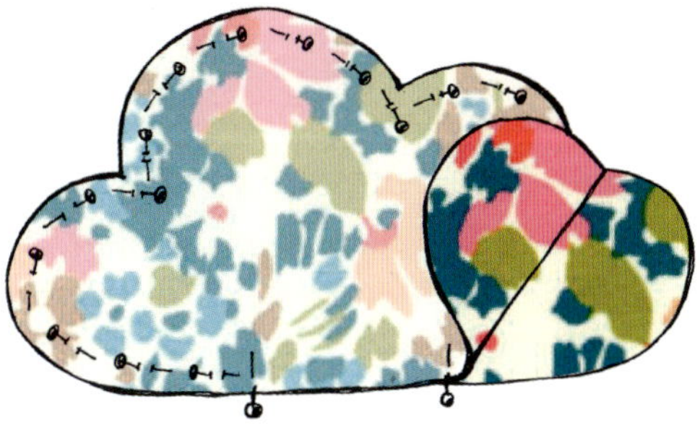

❷ PIQUER ET RÉDUIRE LA MARGE DE COUTURE

Piquez à 1,5 cm du bord. Pour maintenir cette largeur, faites coïncider le bord du tissu avec le repère 1,5 cm de la plaque à aiguille pendant que vous piquez. Commencez à gauche de l'ouverture et renforcez les 2 extrémités de la couture par quelques points arrière. Réduisez la marge de couture à 1 cm tout autour en coupant le tissu en surplus.

❸ CRANTER LA MARGE DE COUTURE

Pratiquez une série de petites entailles triangulaires le long de chaque courbe pour créer un contour bien net. Entaillez jusqu'à 2 mm de la piqûre et espacez les découpes d'environ 4 cm, un peu moins sur les courbes plus prononcées. Pratiquez une entaille en V plus profonde dans les pointes rentrantes, à l'intersection des courbes.

❹ RETOURNER LA HOUSSE SUR L'ENDROIT

Rabattez les bords de l'ouverture au fer, puis retournez la housse sur l'endroit par l'ouverture. Ajustez les coutures arrondies, puis repassez la housse, en tirant doucement sur les pointes rentrantes pour étirer le tissu.

❺ REMBOURRER LE COUSSIN

Garnissez la housse avec le rembourrage de polyester : poussez-le dans le coussin sans en faire des morceaux et en l'enfonçant bien dans les courbes ; n'insérez pas le rembourrage par poignées individuelles, car le coussin perdrait sa forme.

❻ REFERMER L'OUVERTURE

Épinglez les 2 côtés de l'ouverture. Avec un petit point glissé, refermez-la à la main. Tapotez le coussin achevé entre vos mains pour bien répartir le rembourrage. Repassez les courbes pour éliminer tout pli récalcitrant.

MOBILE À NUAGES

Après avoir réalisé les coussins en forme de nuages, vous pourrez utiliser les chutes pour fabriquer cet adorable mobile.

IL VOUS FAUT

- 60 x 20 cm de coton turquoise
- 50 x 15 cm de tissu Liberty Lifestyle dans trois imprimés de votre choix (ici, les chutes Catherine coloris C, Garnett coloris C et Woolf coloris C des coussins nuages)
- 28 perles « gouttes » en verre, bleues et transparentes
- 28 perles en verre argenté de 3 mm
- Du rembourrage polyester standard pour jouet ou coussin
- Du fil à coudre coordonné
- Du fil à coudre argenté
- 1 anneau argenté, pour suspendre
- 1 machine à coudre
- 1 nécessaire à couture

LE GABARIT

Reproduisez le gabarit de la page 151 à 130 % pour le petit nuage et à 160 % pour le grand nuage.

LA COUPE

Dans le tissu turquoise
2 grands nuages (dont un en miroir)

Dans chaque tissu Liberty Lifestyle
2 petits nuages (dont un en miroir)

1 RÉALISER LES NUAGES

Ces petits nuages se font de la même manière que les coussins nuages, dont vous trouverez les explications détaillées page 21. Épinglez et bâtissez les deux pièces ensemble endroit contre endroit, puis piquez à 1 cm du bord en laissant une ouverture de 6 cm en bas.

❷ Réduisez la marge de couture à 6 mm et crantez les courbes. Rabattez les côtés de l'ouverture au fer, retournez sur l'endroit et ajustez les coutures. Repassez délicatement, rembourrez, puis refermez l'ouverture au point glissé.

❸ AJOUTER LES GOUTTES DE PLUIE

Cousez 7 gouttes de verre à 2 ou 3 cm d'intervalle le long du bord inférieur de chaque petit nuage. Pour cela, enfilez une aiguille fine avec le fil argenté et fixez-le sur la ligne de couture. Ajoutez une petite perle ronde, puis une goutte. Repassez l'aiguille dans la perle ronde et repiquez-la au point de départ. Tirez le fil jusqu'à ce qu'il fasse 5 à 8 cm de long.

❹ Arrêtez le fil à l'aide de deux petits points, puis piquez l'aiguille dans le nuage pour la faire ressortir 2 à 3 cm plus loin sur la couture, où vous fixez la perle suivante. Suspendez la plus grosse au centre.

❺ TROUVER LE BON ÉQUILIBRE

Cousez un fil argenté de 40 cm en haut de chaque nuage, en le centrant par rapport aux gros points indiqués sur le gabarit. Faites une boucle de suspension pour le gros nuage en passant le fil dans l'anneau métallique, puis en le recousant sur le nuage.

❻ Fixez les petits nuages aux trois points dessinés sur le bord inférieur (voir ci-dessous), mais n'arrêtez pas les fils de suspension. Suspendez le nuage central à 8 cm environ, et les deux autres à 20-25 cm. Enroulez l'extrémité des fils autour d'une épingle pour les maintenir à la bonne longueur, puis suspendez le mobile. Ajustez la longueur des fils (et éventuellement leur position) jusqu'à ce que les quatre nuages soient bien droits : cette étape requiert un peu de patience ! Arrêtez les fils à leur emplacement définitif.

❼ EFFECTUER LES FINITIONS

Ajoutez le reste des perles sur le bord inférieur du grand nuage, en les espaçant régulièrement entre les fils suspendus.

BRISE-BISE À RAYURES

Utilisez toute la largeur du tissu en lin et de l'imprimé Liberty choisis pour réaliser ce ravissant brise-bise, qui filtre la lumière tout en préservant l'intimité.

IL VOUS FAUT

- 80 x 135 cm de lin fin uni
- 135 x 50 cm de Liberty Tana Lawn dans l'imprimé de votre choix (ici, Marina Seaflower coloris D)
- Du fil à coudre coordonné
- 1 machine à coudre
- 1 nécessaire à couture
- 1 tringle extensible adaptée aux dimensions de votre fenêtre

MESURES

Largeur finie = 135 cm
Hauteur finie = la moitié de la hauteur de la fenêtre

Dans le livre, le brise-bise mesure 100 cm de haut : réduisez la hauteur du panneau principal pour le faire plus court, et réduisez la largeur de chaque pièce pour le faire plus étroit.

LA COUPE

Nommez chaque pièce à mesure que vous les découpez, afin de ne pas les mélanger.

Dans le lin fin uni

le panneau principal	1 rectangle de 135 x 65 cm
la bande 2	1 bande de 135 x 8 cm
la bande 4	1 bande de 135 x 7 cm

Dans le tissu Liberty Tana Lawn

la bande 1	1 bande de 135 x 13 cm
la bande 3	1 bande de 135 x 10 cm
la bande 5	1 bande de 135 x 8 cm
la ganse	2 bandes de 4 cm x la hauteur finie + 2 cm
la coulisse	1 bande de 138 x 7 cm 1 rectangle de 4 x 7 cm

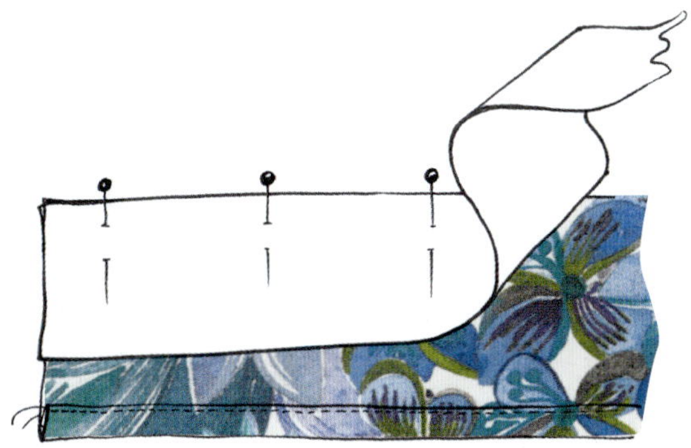

❶ **OURLER LA PREMIÈRE BANDE DE LIBERTY**

Rentrez 1 cm au fer le long du bord inférieur de la bande 1. Répétez l'opération, puis repassez le bord pour faire un ourlet double. Épinglez le rentré et piquez à 3 mm de la pliure.

❷ **AJOUTER UNE BANDE DE LIN**

Les bandes sont assemblées à l'aide de coutures anglaises, qui enferment les bords de coupe et donnent une finition soignée des deux côtés du brise-bise. Épinglez la bande 2 sur l'envers de la bande 1 et piquez les 2 pièces à 8 mm du bord. Réduisez la marge de couture à 4 mm.

❸ TERMINER LA COUTURE ANGLAISE

Retournez les 2 pièces de tissu endroit contre endroit et repassez la couture de sorte que la piqûre soit sur le bord extérieur. Bâtissez les 2 épaisseurs et piquez à 8 mm de ce bord.

❹ AJOUTER LES AUTRES BANDES

Assemblez les bandes 3, 4 et 5 de la même manière, puis assemblez le bord supérieur de la bande 5 au bord inférieur du panneau principal. Repassez chaque couture de façon à rabattre les surplus sur le Liberty.

❺ GANSER LES BORDS

Rentrez 6 mm au fer le long d'un bord long de chaque ganse. Endroit contre endroit, épinglez le bord de coupe d'une bande à un bord latéral du brise-bise, en laissant 1 cm dépasser de l'angle inférieur. Piquez à 6 mm du bord.

❻ Rentrez l'extrémité qui dépasse au fer. Rabattez la ganse sur l'envers du brise-bise et épinglez de sorte que le bord soit juste à l'intérieur de la ligne de piqûre. Cousez au point glissé, en veillant à ce que les points n'apparaissent pas sur l'endroit.

❼ RÉALISER LA COULISSE

Endroit contre endroit, épinglez et piquez la bande de coulisse à 6 mm du bord. Ouvrez la couture au fer. Repassez et piquez un étroit ourlet double à chaque bord court, en ajustant la longueur à celle du brise-bise. Rentrez 8 mm au fer le long d'un bord long. Endroit contre endroit, épinglez et piquez le bord de coupe au bord supérieur du brise-bise. Terminez comme pour les ganses. Insérez la tringle dans la coulisse et ajustez-la à la largeur de votre fenêtre.

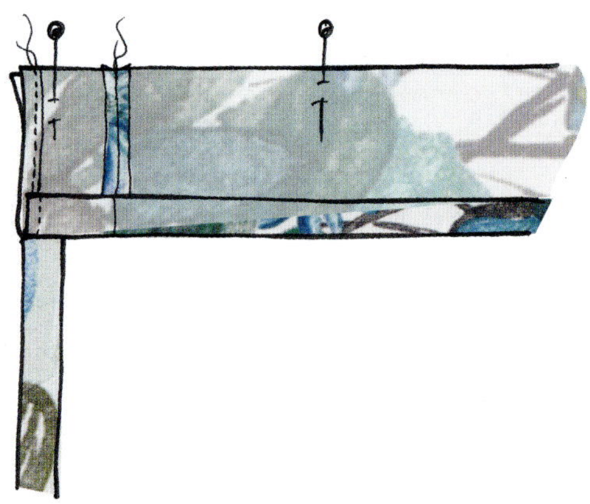

GALETTES DE CHAISE

Ravivez des chaises de cuisine en métal ou en bois avec ces galettes sur mesure, qui apporteront une touche de couleur et de confort.

IL VOUS FAUT

pour chaque galette

- 50 x 50 cm de tissu Liberty Linen Union de votre choix (ici, Hebe coloris A)
- 50 x 50 cm de tissu d'ameublement uni dans une couleur coordonnée ou contrastée, pour le fond
- 40 x 40 cm de mousse standard de 2,5 cm d'épaisseur
- 1 m de galon à pompons dans une couleur contrastée
- 40 cm de bande magnétique autoadhésive ou 1 m de ruban de coton pour les liens (facultatif)
- 1 marqueur indélébile
- 1 feutre effaçable à l'air ou 1 craie
- 1 grande feuille de carton (si le tissu est à gros motifs)
- Du fil à coudre coordonné
- Du papier journal
- 1 machine à coudre
- 1 nécessaire à couture

NOTE

Dans le cas d'un tissu à gros motifs répétitifs, comme celui-ci-dessous, prévoyez du tissu supplémentaire si vous voulez des galettes identiques.

HEBE *est une version monochrome du célèbre motif « plume de paon » de Liberty. Cet imprimé existe depuis les années 1890 et fait partie des incontournables de la marque.*

❶ PRÉPARER LES GABARITS

Coupez une feuille de papier journal aux dimensions (approximatives) de votre assise de chaise, fixez-la dessus avec du ruban adhésif et tracez le contour du bord extérieur. Pour que les gabarits soient symétriques, pliez le journal en deux verticalement et égalisez les bords. Cette étape n'est pas simple, mais elle permet d'obtenir une galette parfaitement ajustée. Si vous voulez ajouter des liens, indiquez l'emplacement des deux montants extérieurs du dossier sur le gabarit.

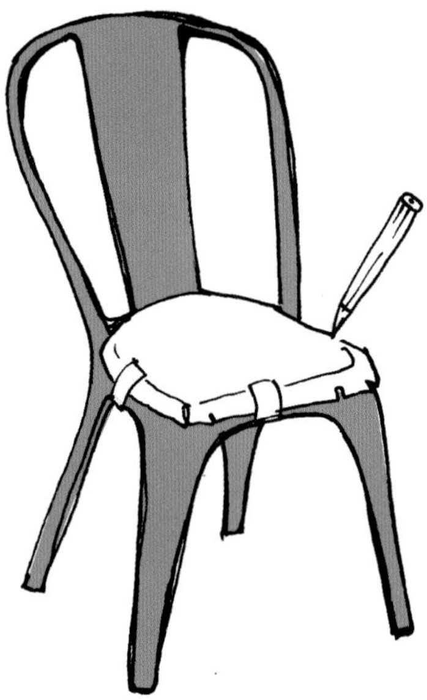

❷ Centrez le gabarit de papier sur la feuille de carton, tracez le contour et découpez soigneusement pour obtenir un gabarit évidé. Posez ce « cadre » sur votre tissu pour choisir l'emplacement du motif.
Si votre imprimé n'a pas de gros motifs, sautez cette étape et utilisez seulement le gabarit en papier.

❸ COUPER LE DESSUS DE LA GALETTE

Placez le gabarit en carton sur l'envers du tissu et déplacez-le jusqu'à ce que vous trouviez une partie intéressante et symétrique du motif. Tracez le contour intérieur, à la craie pour un tissu foncé ou au feutre effaçable à l'air pour un tissu clair.

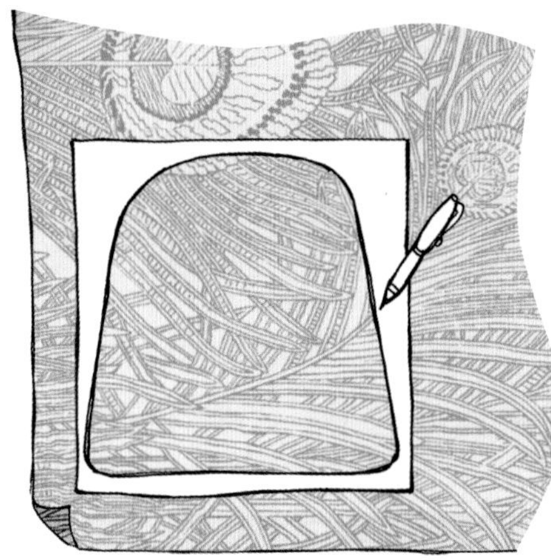

❹ AJOUTER LES MARGES DE COUTURE

Pour tenir compte de l'épaisseur de la mousse, il faut ajouter 1 cm tout autour du tracé, plus 1 cm de marge de couture. À l'aide d'une règle transparente ou d'une règle carrée de patchwork, tracez une ligne à 2 cm de votre contour. Découpez soigneusement le long de cette ligne.

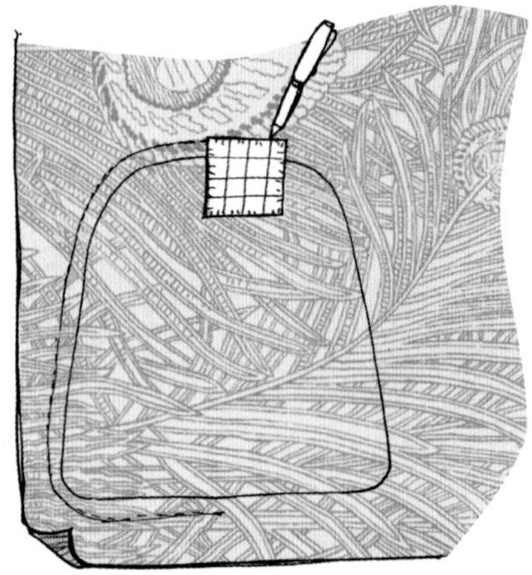

5 RÉALISER LA HOUSSE

Endroit contre endroit, épinglez le dessus de galette sur le tissu de fond en laissant une ouverture de 15 cm sur le bord supérieur. Si vous prévoyez des liens, coupez le ruban en deux puis pliez chaque morceau en deux. En vous référant au gabarit, épinglez les bords pliés sur le bord du dessus de galette, au niveau des marques du dossier. Bâtissez le dessus et le fond ensemble, puis piquez à 1 cm du bord, sans coudre l'ouverture. Renforcez les extrémités de la couture par quelques points arrière. Coupez le tissu de fond aux dimensions du dessus.

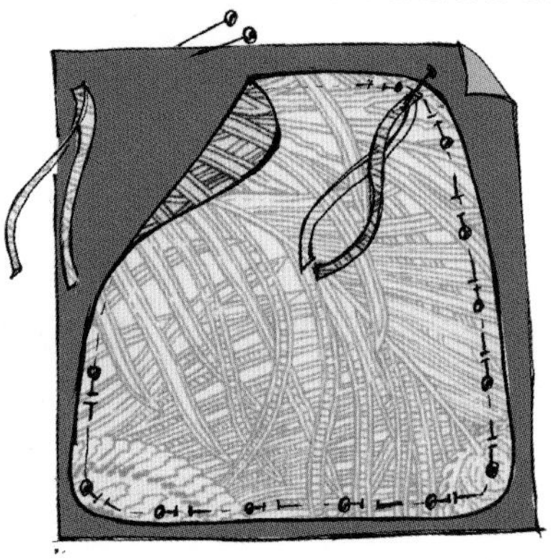

6 CRANTER LES COINS

Pour des courbes bien nettes au niveau des coins, il faut que vous crantiez la marge de couture. Pratiquez une série de petites entailles triangulaires à 3 mm de la piqûre, en les espaçant d'environ 2 cm.

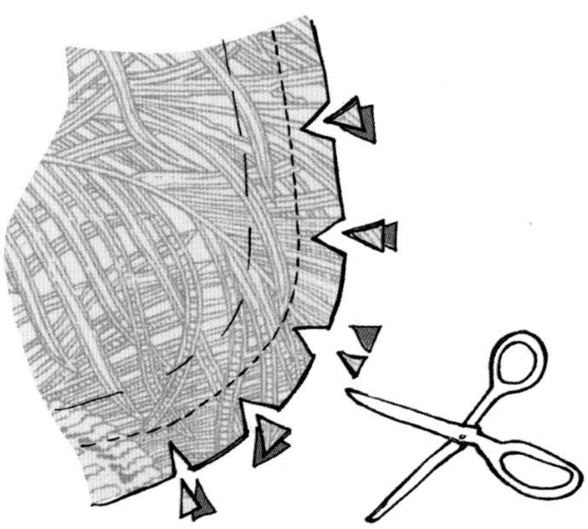

7 RETOURNER LA HOUSSE SUR L'ENDROIT

Rabattez la marge de couture au fer le long des deux côtés de l'ouverture, puis retournez la housse sur l'endroit par l'ouverture. Ajustez les coutures et repassez légèrement. Les liens, si vous en avez, doivent se trouver sur l'endroit.

8 COUPER LA MOUSSE

À l'aide d'un marqueur indélébile, tracez le contour du gabarit sur la mousse, puis découpez-la. Roulez-la grossièrement en trois parties et insérez-la dans l'ouverture de la housse. La galette devant être très ajustée, il vous faudra manipuler la housse et la mousse jusqu'à ce que la galette soit bien plate. Ajustez le bord de la galette afin que la couture soit bien centrée sur les côtés.

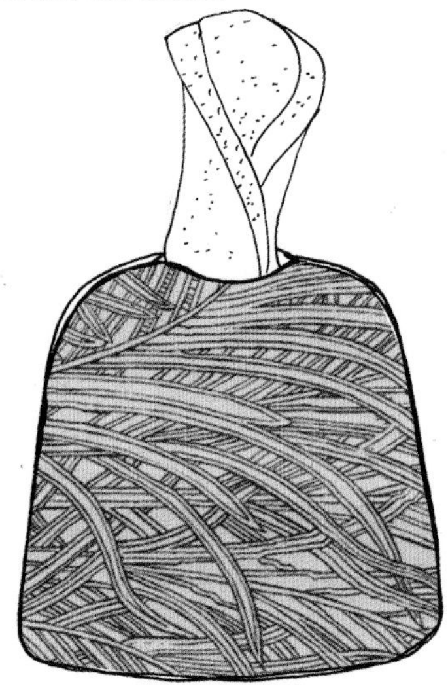

9 AJOUTER LES BANDES MAGNÉTIQUES

Si vous placez les galettes sur des chaises métalliques, utilisez des bandes magnétiques autoadhésives pour les maintenir en place. Insérez une bande de 10 cm le long de chaque côté de la mousse, côté adhésif vers le haut et appuyez bien fort.

10 AJOUTER LES FINITIONS

Épinglez les bords de l'ouverture et refermez au point glissé. En commençant par le milieu de l'arrière, épinglez puis cousez le galon de pompons au point de surjet, en suivant la ligne de piqûre. Cousez solidement les extrémités.

CADRES PATCHWORK

Avec ces cadres recouverts de tissu, vous obtiendrez un effet spectaculaire sans même avoir à faire un seul point de couture !

IL VOUS FAUT

pour le cadre patchwork

- Des assortiments de chutes Liberty Tana Lawn dans les imprimés de votre choix (le cadre vert est fait avec Speckle coloris C, May Rose coloris A et Xanthe Sunbeam coloris C, et le cadre violet est fait avec Ottilia coloris C, Pointillism coloris A et Tresco coloris D)

pour le cadre uni

- 1 rectangle de tissu Liberty Tana Lawn de 8 cm plus large que votre cadre, dans l'imprimé de votre choix (ici, Pointillism coloris A)

pour les 2 types de cadre

- De vieux cadres
- 1 paire de ciseaux
- De la colle PVA
- Du papier de verre ou 1 cale à poncer
- 1 vieux pinceau
- 1 brosse à pochoir

LA PRÉPARATION DU CADRE

Pour que le tissu adhère parfaitement à la surface du cadre, poncez-la entièrement avec du papier de verre. Une cale à poncer vous sera utile pour les parties moulurées.

TRESCO *est une étude à l'aquarelle de fleurs, fougères et plantes grasses originaires des jardins de l'abbaye de Tresco, en Cornouailles.*

CECIL BEATON.
NEW YORK

Couvrir un cadre à la façon patchwork

❶ DÉTERMINER LA DISPOSITION

Découpez des rectangles de tissu Liberty, chacun suffisamment large pour couvrir les côtés et rabattre le tissu sur l'arrière. Disposez-les sur le cadre pour trouver le meilleur agencement. Lorsque le résultat vous plaît, prenez-les un par un et placez-les dans le même ordre sur votre plan de travail.

❷ COLLER LES PIÈCES

Enduisez la partie du cadre où vous allez poser la première pièce avec une fine couche de colle PVA, en veillant à bien couvrir le dessus et le côté. Si votre cadre est très mouluré, assurez-vous que la colle recouvre tous les creux et les recoins. Avant que la colle ne sèche, placez le tissu, endroit vers vous, sur la partie encollée et appuyez doucement dessus.

❸ Pour que le tissu adhère bien au relief du cadre, tapotez-le à l'aide d'une brosse à pochoir propre.

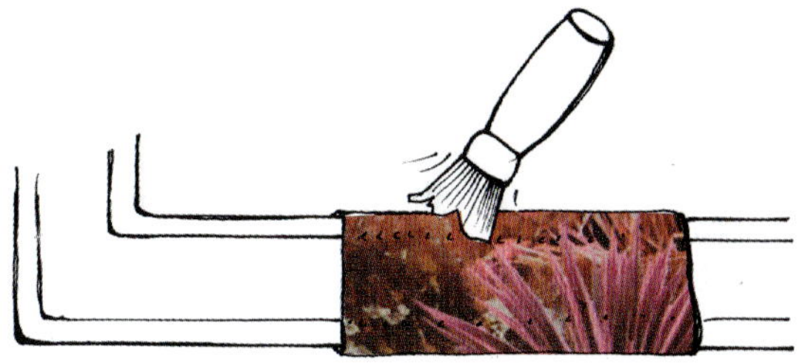

❹ Retournez le cadre, encollez l'arrière et rabattez le tissu par-dessus. Continuez à ajouter les pièces jusqu'aux angles. Formez un étroit rentré le long du bord chevauchant de chaque nouvelle pièce et collez-le pour former une jointure bien nette.

❺ COLLER LE TISSU AUX ANGLES

Encollez le dessus et les côtés de l'angle, posez le tissu dessus et lissez-le bien. Rabattez l'angle extérieur pour évaluer la hauteur du cadre, puis découpez un petit triangle juste à ce niveau. Entaillez l'angle intérieur du tissu, jusqu'au cadre. Lissez les côtés pour les coller.

6 EFFECTUER LES FINITIONS ARRIÈRE

Encollez le dos du cadre et, en étirant légèrement le tissu, rabattez les marges intérieures sur l'arrière. Rabattez les marges de l'angle extérieur, puis les bords extérieurs. Lorsque la colle est sèche, vous pouvez recouvrir les éventuels trous visibles dans les angles intérieurs avec de petites chutes de tissu.

Couvrir un cadre avec un seul tissu

1 Posez le tissu à plat, endroit vers vous, et placez le cadre dessus. Découpez le tissu au centre du cadre, en laissant suffisamment de marge pour couvrir les côtés et rabattre le tissu sur l'arrière. Entaillez les angles comme précédemment.

2 Encollez tout le cadre de colle PVA, en la diluant légèrement si elle sèche trop rapidement. Posez le tissu sur le cadre, endroit vers vous, et tapotez-le avec une brosse à pochoir. Terminez comme pour le cadre patchwork.

LETTRES DÉCO

Cette réalisation simple mais efficace ne nécessite aucune couture : il suffit juste de coller du tissu sur des lettres prédécoupées. À vous de créer un message en Liberty !

IL VOUS FAUT

- Du tissu Liberty Tana Lawn dans l'imprimé de votre choix (ici Pinky coloris A, Saeed coloris B, Hugo Grenville coloris D et Tresco coloris A)
- Du molleton
- Des lettres en bois ou en médium de 1 cm d'épaisseur
- Du carton d'épaisseur moyenne, de la même taille que la lettre
- Du ruban adhésif double face de 12 mm de large
- 1 agrafeuse
- De la colle en bâton
- 1 paire de ciseaux

NOTE

Choisissez un Liberty Tana Lawn à petits motifs denses, afin que les éventuelles superpositions de tissu restent discrètes.

CONSEIL

Une base de molleton donne un bel aspect rembourré aux lettres décorées.

LA COUPE

dans le tissu Liberty

1 rectangle de 4 cm plus large que la lettre, pour le dessus

1 rectangle de 2 cm plus large que la lettre, pour le dos

dans le molleton

1 rectangle de 4 cm plus large que la lettre (si votre lettre fait plus de 1 cm d'épaisseur, comptez davantage de tissu)

PINKY *est un motif peint par des élèves de cinq ans de l'école St Bartholomew à Londres.*

❶ PRÉPARER LE DOS EN CARTON

Tracez le contour de la lettre sur le carton et découpez-le ; cela formera le dos de la lettre.

❷ COUPER LE MOLLETON

Collez des bandes de ruban adhésif double face sur tout le contour arrière de la lettre, en coupant de petits morceaux pour les courbes. Détachez le papier protecteur et placez la lettre à l'envers sur le molleton. Coupez le molleton de sorte qu'il dépasse de 3 cm tout autour de la lettre.

❸ Réduisez la marge de couture de molleton à chaque coin, en coupant à 3 mm de la lettre selon un angle de 45°. Entaillez les marges au niveau des angles intérieurs afin que le molleton puisse bien couvrir la lettre.

❹ RABATTRE LES MARGES

En commençant au centre du bord long et en travaillant de l'extérieur vers les angles, tirez doucement le bord du molleton sur le ruban adhésif et appuyez bien. Rabattez le bord court, puis les autres marges tout autour de la lettre.

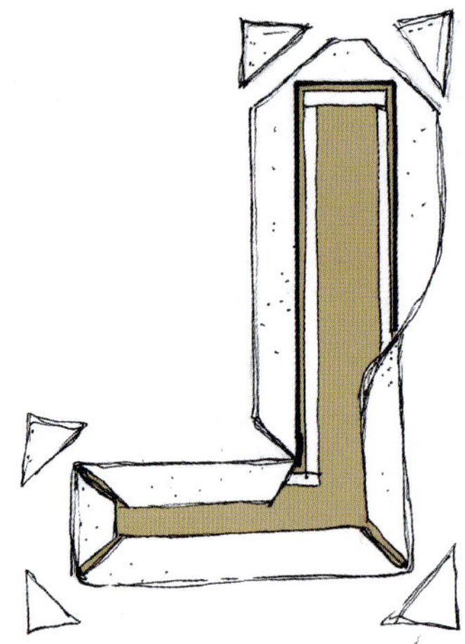

❺ RECOUVRIR LA LETTRE DE TISSU

Centrez la lettre à l'envers sur le rectangle de tissu. Coupez la marge à 3 cm tout autour. Rabattez les marges et agrafez-les, en commençant là aussi au milieu d'un bord droit et en travaillant vers les angles pour maintenir le tissu bien tendu.

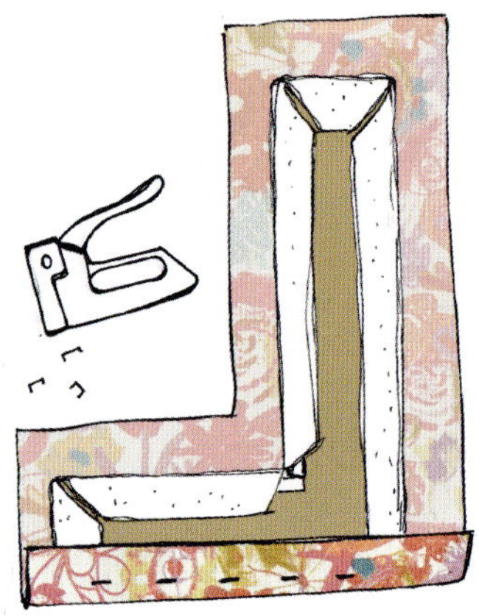

❻ RECOUVRIR LES COURBES

Pour couvrir une courbe convexe, plissez légèrement le tissu et tirez-le vers le centre de la lettre. Les agrafes doivent être très rapprochées. Pour une courbe concave, couvrez tout le bord d'une bande de tissu. Crantez les marges de couture à angle droit, en espaçant les entailles de 15 mm et en vous arrêtant à 3 mm de la lettre. Encollez le dos du tissu et collez-le sur la bande.

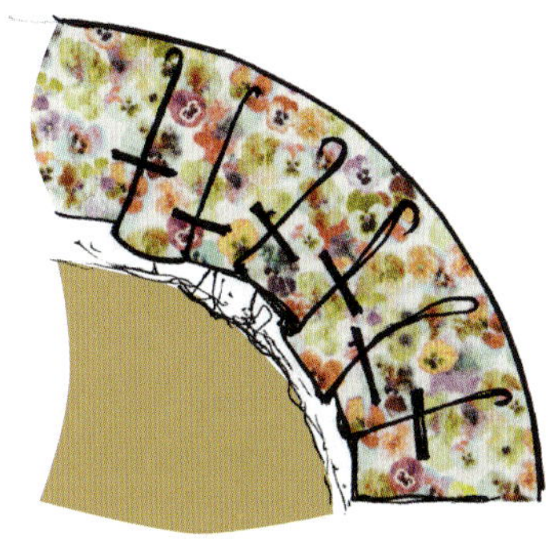

❼ EFFECTUER LA FINITION DES ANGLES

Lorsque vous arrivez à un angle, repliez le tissu en onglet : rentrez le coin de biais en l'étirant légèrement pour obtenir un bord bien net, puis agrafez la pointe. Rabattez la marge sur le côté adjacent de la lettre et continuez à agrafer.

8 COUVRIR LES ANGLES RENTRANTS

Il vous faudra ajouter du tissu supplémentaire à chaque angle rentrant, pour cacher les « trous » visibles sur la lettre. Coupez une bande de 4 cm de même profondeur que la lettre, et collez-la dans l'angle avec du ruban double face. Entaillez la marge à 45°, appliquez de la colle sur l'envers pour la maintenir en place, puis agrafez comme précédemment.

9 COUVRIR LES LETTRES ÉVIDÉES

Couvrez le bord intérieur des angles ou des courbes avec des bandes de tissu, afin de cacher le molleton. Les bandes doivent être plus profondes que la lettre de 1 cm, pour pouvoir être rabattues sur l'arrière. Couvrez toute la lettre de tissu, comme ci-dessous, puis entaillez le tissu recouvrant le trou, du centre vers l'extérieur. Le long d'une courbe, crantez le tissu comme dans l'étape 6, ou entaillez dans les angles comme dans l'étape 8. Encollez l'envers du tissu et rabattez-le sur les bandes de tissu déjà collées au dos de la lettre.

10 TERMINER LE DOS

Collez du ruban adhésif double face le long de chaque bord de la lettre en carton. Étendez le tissu à plat, envers sur le dessus, et placez la lettre en carton dessus, endroit sur le dessus. Coupez le tissu de façon à laisser une marge de 1,5 cm tout autour des bords. Réduisez la marge de couture de tissu à chaque angle, en entaillant jusqu'à 3 mm du carton et en crantant les courbes et les angles rentrants. Détachez le papier protecteur du ruban adhésif, puis rabattez les marges de tissu en appuyant bien dessus.

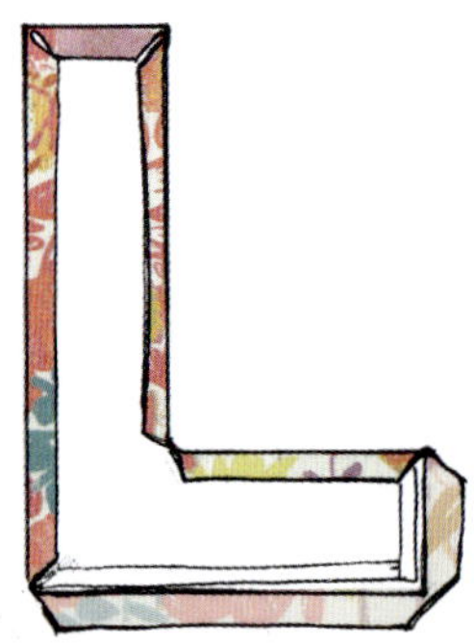

11 Recouvrez entièrement le dos de ruban adhésif double face. Détachez le papier et collez le dos en carton sur l'arrière de la lettre.

CEINTURE COQUETTE

Customisez votre imperméable favori ou tout autre manteau uni avec une ceinture en Liberty ; une façon très efficace de le remettre au goût du jour à chaque saison !

IL VOUS FAUT

- 112 x 20 cm de tissu Liberty Lifestyle dans l'imprimé de votre choix (ici Newbury, coloris A)
- 90 x 20 cm de coton noir d'épaisseur moyenne, pour la doublure
- 1 feutre effaçable à l'air ou 1 crayon bien taillé
- Du fil à coudre noir
- 1 grosse épingle de sûreté
- 1 boucle de ceinture de 7 cm (sans ardillon)

NEWBURY *s'inspire d'un motif de 1965 conçu par Agnes Roberts pour Liberty. Il fut imprimé pour la première fois sur du coton en 1966.*

❶ PRÉPARER LES BANDES DE TISSU

Découpez 2 bandes de 8 cm de large dans le tissu Liberty, une de 110 cm de long, l'autre de 65 cm de long, en faisant soigneusement coïncider le motif. Assemblez les extrémités endroit contre endroit par une couture à 1 cm du bord, en faisant coïncider le motif si possible. Ouvrez la couture au fer. Coupez et assemblez le tissu noir pour obtenir une bande de 170 x 7 cm.

❷ MARQUER L'EXTRÉMITÉ INCURVÉE

À l'aide d'une soucoupe et d'un feutre effaçable à l'air ou d'un crayon, tracez une ligne incurvée sur une des extrémités de la bande en Liberty, côté envers.

❸ ASSEMBLER LES 2 BANDES

Endroit contre endroit, épinglez les 2 côtés de la ceinture. Piquez tout le tour à 1 cm du bord, en commençant au centre d'un bord long. Suivez soigneusement la ligne incurvée pour former une extrémité arrondie et terminez la piqûre à 10 cm du point de départ. Rabattez 1 cm au fer de part et d'autre de l'ouverture.

❹ RÉDUIRE LA MARGE DE COUTURE

Réduisez la marge de couture le long de la courbe à 5 mm. Coupez un triangle très incliné de chaque côté de la pointe, puis crantez la courbe en pratiquant des encoches triangulaires espacées de 5 mm et s'arrêtant à 2 mm de la ligne de piqûre. À l'autre extrémité, réduisez les 2 angles en les coupant en forme de flèche aplatie.

❺ RETOURNER SUR L'ENDROIT

Piquez une grosse épingle de sûreté à une extrémité de la ceinture. Faites-la soigneusement passer entre les 2 épaisseurs de tissu pour la faire ressortir par l'ouverture centrale. Faites de même à l'autre extrémité, puis ajustez les coutures et reformez les angles avec la pointe d'un crayon. Repassez légèrement les bords.

❻ SURPIQUER LE BORD

Bâtissez les 2 côtés de l'ouverture ensemble. Avec du fil noir, piquez tout autour de la ceinture, côté endroit, à 3 mm du bord.

❼ AJOUTER LA BOUCLE

Glissez la boucle à l'extrémité droite de la ceinture, puis repliez celle-ci et bâtissez un rentré de 5 cm. Cousez-le avec 2 lignes de piqûre machine, à 5 mm du bord.

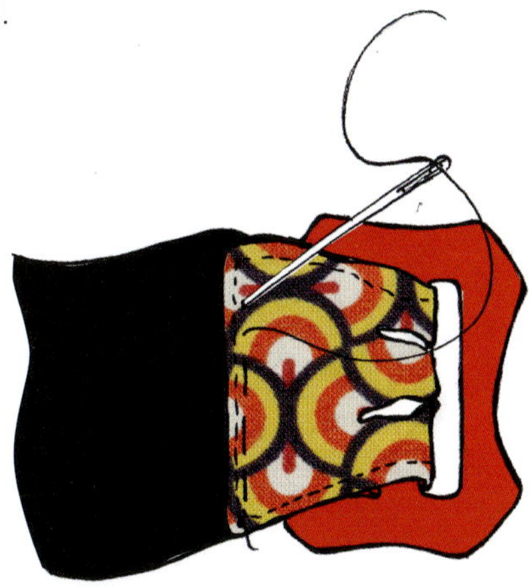

BOUTONS RECOUVERTS

Recouvrir des boutons de tissu est une technique de couture indispensable à maîtriser : elle vous permet de personnaliser un vêtement en un instant.

IL VOUS FAUT

- Des boutons à recouvrir (même nombre et même taille que ceux de votre vêtement)
- Du tissu Liberty Lifestyle dans l'imprimé de votre choix (ici, Newbury coloris A) – comptez environ 10 x 10 cm par bouton, selon la taille du motif
- Du papier-calque
- 1 feutre effaçable à l'air
- Du fil à coudre noir
- 1 nécessaire à couture

LA COUPE

Découpez un cercle de papier-calque de 15 mm plus large que votre bouton, ou découpez le cercle de la taille voulue figurant sur la boîte de boutons et servez-vous-en comme gabarit évidé. Posez le tissu endroit sur le dessus, puis centrez le gabarit sur une partie harmonieuse du motif. Tracez le contour intérieur du gabarit au feutre effaçable et découpez. Assurez-vous que tous les boutons seront recouverts avec la même partie du motif.

❶ FRONCER LE TISSU

Avec une double longueur de fil, effectuez une ligne de petits points devant tout autour du cercle, à 5 mm du bord. Laissez de longues extrémités de fil libres au début et à la fin.

❷ INSÉRER LE BOUTON

Tirez les 2 extrémités de fil jusqu'à ce que le tissu soit légèrement froncé, puis insérez le bouton à recouvrir. Tirez fort sur les fils, en vérifiant que le motif est bien centré et que la tige du bouton est horizontale. Nouez les fils et coupez à ras.

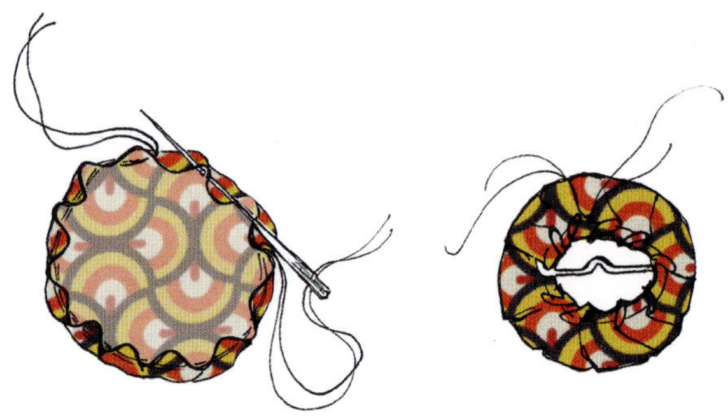

❸ POSER LE BOUTON

Vérifiez que les fronces sont bien réparties, puis repassez le dessous du bouton pour aplanir les bords de coupe.

LAISSE DE CHIEN

Avec un peu de Liberty et quelques coutures droites, formez un duo parfaitement assorti avec votre animal de compagnie.

IL VOUS FAUT

- 110 x 15 cm de tissu Liberty Lifestyle dans l'imprimé de votre choix (ici, Newbury coloris A) – pour un motif plus large, comptez une plus grande largeur.
- 130 x 12 cm de coton d'épaisseur moyenne pour la doublure
- De l'ourlet thermocollant de 2 cm de large
- Du fil à coudre coordonné
- 1 machine à coudre
- 1 nécessaire à couture
- 1 mousqueton pour laisse de chien

LES MESURES

Pour déterminer la longueur des bandes, mesurez votre laisse ordinaire bout à bout, puis ajoutez 27 cm pour la poignée et le rabat.

1 PRÉPARER LES BANDES DE TISSU

Dans le Liberty, coupez 2 bandes de même longueur et de 4,5 cm de large. Endroit contre endroit, assemblez les extrémités par une couture à 1 cm du bord, en faisant coïncider le motif si possible. Ouvrez la couture au fer. Coupez la bande aux dimensions de votre laisse. Coupez 2 bandes de 5 cm de large dans le tissu de doublure, puis assemblez-les et coupez-les de la même manière.

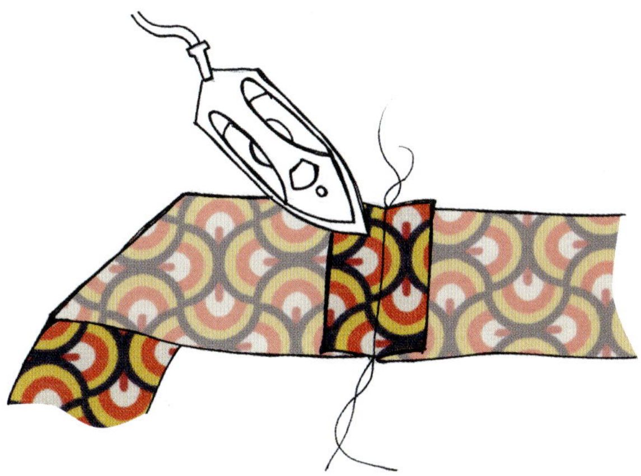

❷ REPASSER LES BORDS

Faites un rentré de 1 cm au fer tout autour des 2 bandes.

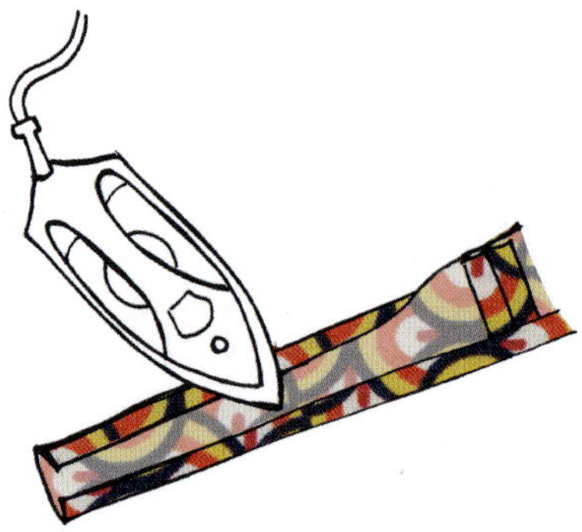

❸ THERMOCOLLER LES BANDES

Posez la bande de doublure sur votre planche à repasser, envers vers vous. Déroulez l'ourlet thermocollant et centrez-le sur la bande. Coupez-le aux dimensions de la bande. Centrez maintenant la bande de Liberty, endroit vers vous, sur la doublure, afin que les marges de la doublure soient identiques tout autour.

❹ L'ourlet thermocollant est maintenant pris « en sandwich » entre les 2 bandes. En suivant les instructions du fabricant, thermocollez les bandes, en prenant soin de déplacer le fer de haut en bas afin que les tissus restent bien en place.

❺ COUDRE LES BANDES

Préparez la machine à coudre avec du fil noir. Cousez la bande supérieure en piquant à 2 mm de chaque bord rentré.

❻ RÉALISER LA POIGNÉE

Rentrez 1,5 cm au fer à chaque extrémité. Repliez 20 cm à une des extrémités pour former la poignée et bâtissez à 4 cm du bord. Piquez un rectangle de 3 cm à l'extrémité, puis renforcez-le de 2 piqûres diagonales, d'angle à angle.

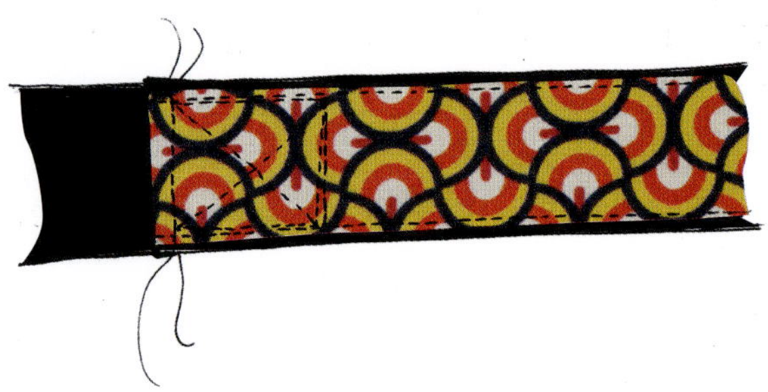

❼ FIXER LE MOUSQUETON

Glissez le mousqueton sur la laisse afin qu'il se trouve à 4 cm de l'extrémité, rabattez celle-ci et bâtissez. Piquez un rectangle renforcé, comme pour la poignée, à cette extrémité, en piquant aussi près du mousqueton que possible.

OISEAUX SUSPENDUS

La collection Madauri de Liberty se prête parfaitement à ces paons d'inspiration indienne. Vous pouvez réaliser les oiseaux dans différents imprimés, ou suspendre une série d'oiseaux assortis.

IL VOUS FAUT

- Des tissus Liberty Madauri dans les imprimés de votre choix (ici, Indira coloris 4 et 5, Priya coloris 2 et 8, Tehzeeb coloris 3 et 6 et Zai coloris 1 et 7)
- Du rembourrage polyester standard pour jouet
- Du fil à coudre coordonné
- 2 m de cordon ciré de 2 mm de large
- 5 perles de 20 mm de diamètre et 5 perles de 15 mm de diamètre
- 1 craie de tailleur ou 1 feutre effaçable à l'air
- 1 grosse aiguille pour tissu d'ameublement
- 1 machine à coudre
- 1 nécessaire à couture

PRIYA *s'inspire d'un motif monochrome spécialement conçu pour la collection Liberty printemps/été 2007.*

LES GABARITS

Reproduisez les gabarits de la page 155 à 220 % pour l'oiseau 1, 200 % pour l'oiseau 2, 160 % pour l'oiseau 3, 140 % pour l'oiseau 4 et 120 % pour l'oiseau 5. Découpez soigneusement sur les contours et numérotez chaque pièce.

LA COUPE
dans le tissu Liberty

queue de l'oiseau 1	1 rectangle de 40 x 23 cm
queue de l'oiseau 2	1 rectangle de 34 x 20 cm
queue de l'oiseau 3	1 rectangle de 30 x 18 cm
queue de l'oiseau 4	1 rectangle de 25 x 14 cm
queue de l'oiseau 5	1 rectangle de 20 x 12 cm

❶ DÉCOUPER LE PREMIER CÔTÉ DU CORPS

Les corps des 5 oiseaux se font de la même façon. Commencez par épingler les gabarits sur l'envers du tissu, tracez le contour et découpez à 6 mm du contour.

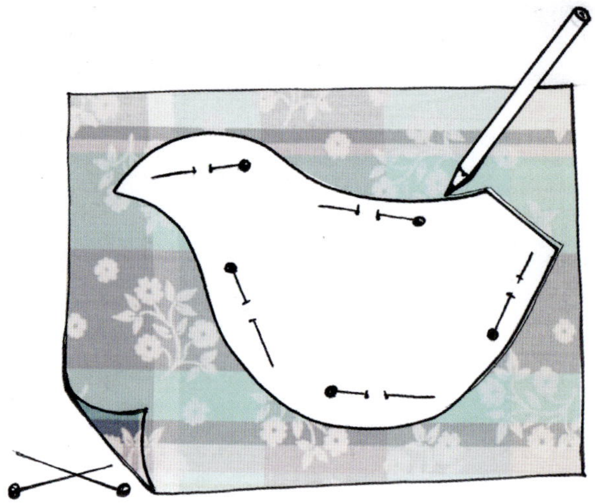

❷ RÉALISER ET REMBOURRER LE CORPS

En faisant coïncider le motif, épinglez la pièce découpée sur le reste de tissu endroit contre endroit. Piquez le long du contour en laissant la queue ouverte entre A et B. Réduisez la marge de couture à 3 mm. Retournez sur l'endroit par l'ouverture, puis bâtissez un rentré de 5 mm sur chaque côté de l'ouverture. Repassez légèrement. Rembourrez le corps, en vous aidant d'un crayon pour enfoncer de petites quantités de molleton dans la tête et le cou.

❸ RÉALISER LES AILES

Les 3 plus gros oiseaux ont des ailes. Tracez le contour du gabarit sur l'envers du tissu, puis découpez à 6 mm du contour et épinglez sur l'endroit du tissu, mais sans faire coïncider les motifs. Piquez tout autour et réduisez la marge de couture à 3 mm. Pratiquez une fente de 2 à 3 cm au centre du dos, et retournez l'aile sur l'endroit par cette ouverture. Inversez le gabarit et confectionnez l'autre aile de la même manière.

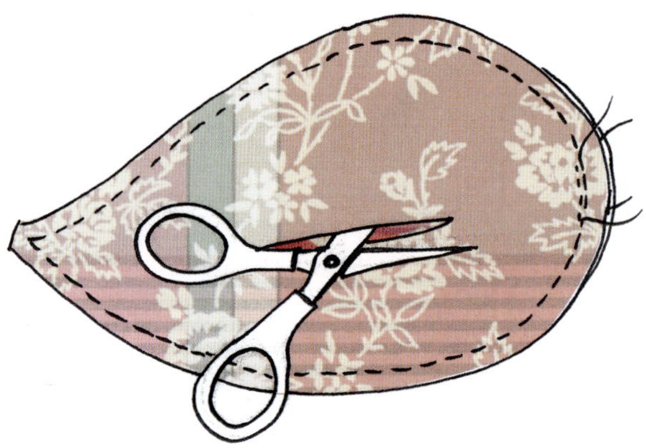

❹ ASSEMBLER LES AILES AU CORPS

Bourrez légèrement les ailes de molleton, en l'enfonçant bien dans les pointes, puis refermez l'ouverture à la main. Épinglez les ailes sur le corps, en veillant à ce qu'elles soient au même niveau et inclinées selon le même angle, puis cousez-les entre les points C et D.

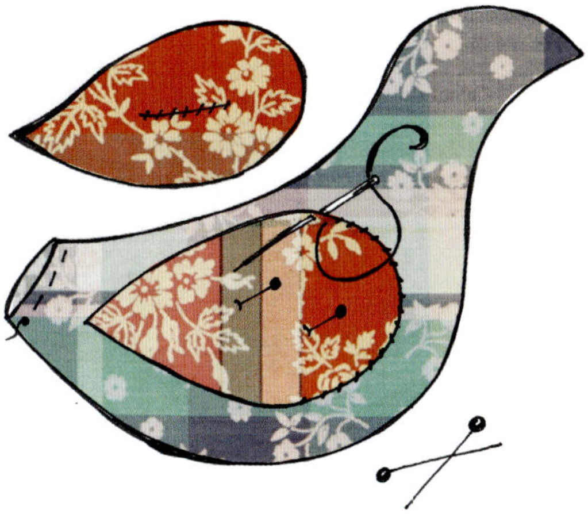

❺ RÉALISER ET REPASSER LA QUEUE

Endroit contre endroit, pliez la queue en deux dans la largeur. Épinglez et piquez les extrémités. Retournez sur l'endroit et repassez. Marquez le centre du bord supérieur avec une épingle. Pliez le tissu en accordéon à partir de ce point, en repassant chaque pli. Lorsque vous êtes arrivé au bout, dépliez et repassez l'autre moitié du centre vers l'extérieur.

Faites des plis de 2 cm de large pour le plus gros oiseau, et de plus en plus étroits pour les autres.

❻ ASSEMBLER LA QUEUE AU CORPS

Repliez la queue et faites quelques points les uns sur les autres au bas des plis, de façon à former un éventail. Passez la queue dans l'ouverture et cousez-la en vous aidant d'un dé pour piquer l'aiguille dans toutes les épaisseurs.

❼ ASSEMBLER LES OISEAUX

Enfilez le cordon ciré dans la grosse aiguille et piquez-la au centre du bord supérieur du plus gros oiseau, près de la couture. Vérifiez que l'oiseau tient bien droit et ajustez la position du cordon le cas échéant. Une fois le bon équilibre trouvé, passez l'autre extrémité du fil dans l'aiguille et enfilez 2 perles. Faites un nœud à 10 cm de l'oiseau. Passez l'aiguille au travers de l'oiseau suivant, vérifiez la position et enfilez 2 autres perles. Procédez de même avec les autres oiseaux. Terminez en réalisant une boucle de suspension.

SAC À PANIER ET HOUSSE DE SELLE

Cet ingénieux sac fait office de doublure à l'intérieur d'un panier de vélo, et se transforme en cabas grâce à ses anses incorporées. Assortissez-le à une housse de selle pour un ensemble coordonné.

IL VOUS FAUT

- Du fil à coudre coordonné
- 1 machine à coudre
- 1 nécessaire à couture
- 1 enfile-aiguille ou 1 épingle de sûreté

pour le sac à panier

- 50 cm de tissu Liberty Tana Lawn dans les imprimés de votre choix pour le sac et la doublure (ici, Katie and Millie coloris A et Travelling Threads coloris C)
- 50 x 50 cm de tissu en coton uni, pour la base
- 1 m de biais de 2 cm de large
- 1 m d'élastique de 6 mm de large
- 1 feuille de papier, 1 crayon
- 1 feuille de plastique ondulé aux dimensions de la base du panier
- Du ruban adhésif double face

pour la housse de selle

- 40 x 30 cm du même tissu Liberty Tana Lawn
- 40 x 30 cm de molleton polyester
- 1 m de biais de 2 cm de large
- 1 m d'élastique de 6 mm de large
- 1 feutre effaçable à l'air, 1 règle transparente

LA COUPE DU SAC

dans le tissu Liberty principal
1 pourtour
les anses 2 rectangles de 40 x 15 cm

dans le tissu Liberty de doublure
1 pourtour

dans le tissu de coton
2 bases

dans le plastique
1 base

LES MESURES DU SAC

pour le pourtour du sac
largeur = circonférence du panier + 10 cm
hauteur = hauteur du panier + 10 cm

pour la base du sac
Tracez le contour de la base du panier. Découpez 1 cm à l'intérieur du trait. Le gabarit doit remonter de 1 cm sur les côtés intérieurs du panier : découpez-le en conséquence. Pliez-le en quatre et marquez les quarts en découpant des encoches.

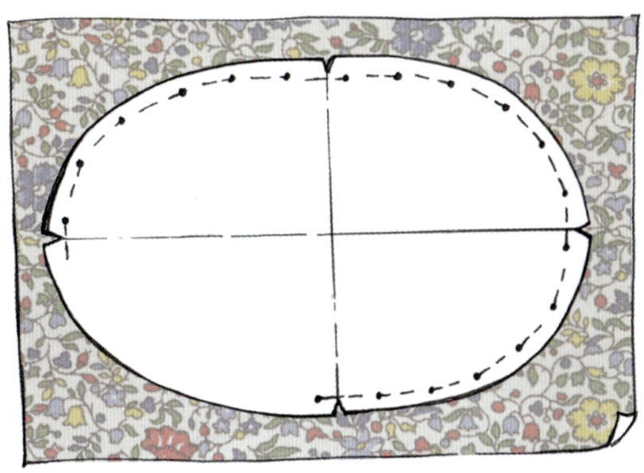

❶ PRÉPARER LE POURTOUR

Pliez le tissu principal en deux dans la largeur, puis encore en deux. Marquez les quarts en découpant des encoches de 5 mm dans le bord inférieur, au bout de chaque pli. Endroit contre endroit, épinglez les bords courts ensemble et piquez à 1 cm du bord.

❷ FAIRE LES POINTS POUR LES FRONCES

Avec une double aiguillée de fil, effectuez 4 lignes de points devant de 5 mm entre les encoches, à environ 8 mm du bord inférieur. Laissez de longues extrémités de fil libre au bout de chaque ligne de points.

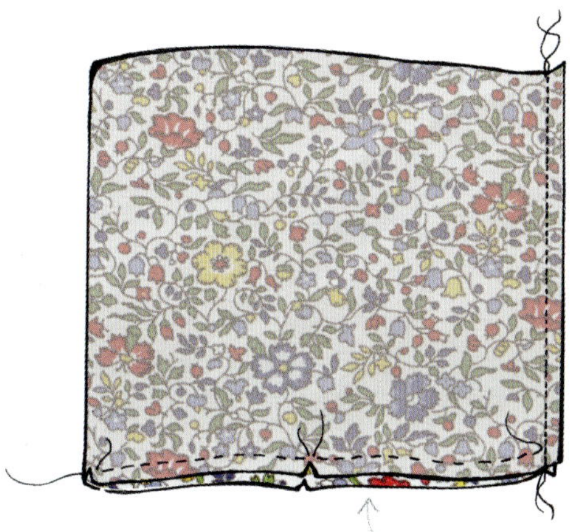

❸ ASSEMBLER LA BASE

Endroit vers l'intérieur, épinglez le bord inférieur de la couture à l'encoche du bord supérieur d'une des bases en tissu uni. Faites coïncider les autres encoches et épinglez-les.

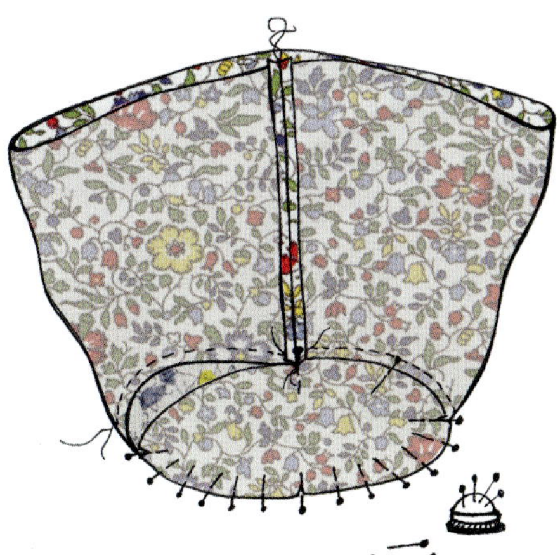

❹ Tirez le premier fil de fronces de sorte que le bord du pourtour épouse parfaitement le premier quart de la base. Épinglez-les, puis faites de même avec les autres parties. Bâtissez et piquez à 1 cm du bord.

❺ Retournez le sac sur l'endroit et placez la base en plastique à l'intérieur. Maintenez-la en place avec 2 morceaux de ruban adhésif double face.

❻ RÉALISER LE SAC

Réalisez la doublure en répétant les étapes 1 à 4 avec le tissu de doublure et l'autre base unie. Glissez celle-ci à l'intérieur du sac externe, en faisant coïncider les coutures, puis épinglez-les ensemble le long du bord inférieur.

❼ Cousez une ligne de petits points devant sur tout le pourtour, près du plastique.

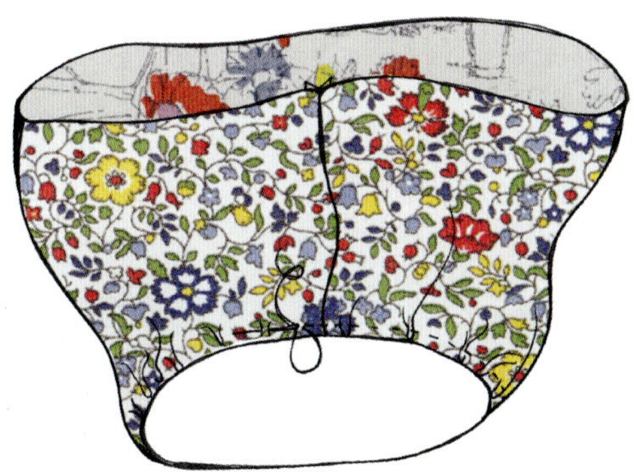

8 GANSER L'OUVERTURE

Épinglez et bâtissez les bords supérieurs des sacs interne et externe ensemble. Pliez le biais en deux et passez-le par-dessus le bord supérieur, en commençant près de la couture. Épinglez le biais en place tout autour de l'ouverture, puis coupez l'excédent. Piquez à 2 mm du bord pour former une coulisse à élastique, en laissant au moins 2 cm ouverts.

9 RÉALISER LES ANSES

Repassez chaque anse en deux dans la longueur, envers contre envers. Dépliez et rabattez les bords longs au fer pour qu'ils se joignent sur le pli central. Rentrez 1 cm au fer à chaque bout. Repliez le long du pli central, repassez à nouveau et bâtissez les bords ensemble. Surpiquez tout le pourtour de l'anse.

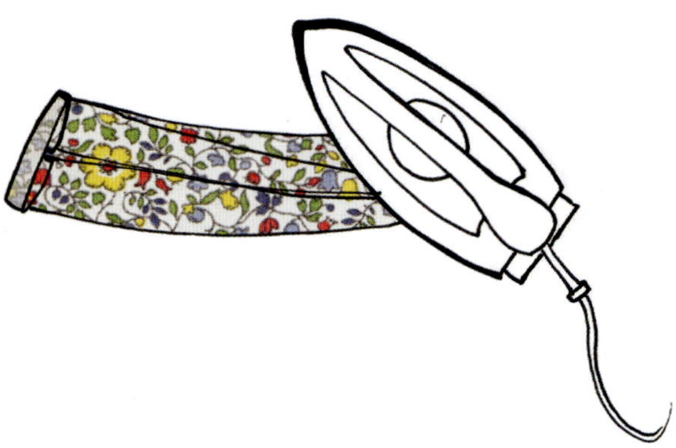

10 COUDRE LES ANSES

Épinglez la première anse sur le sac de sorte que les côtés intérieurs se trouvent à 6 cm de la couture et que les extrémités soient à 3 cm du bord supérieur du sac. Bâtissez, puis piquez sous le biais en formant un rectangle renforcé par 2 lignes diagonales. Ajoutez la deuxième anse sur l'autre côté, bien en face de la première.

11 PASSER L'ÉLASTIQUE

Insérez l'élastique dans un passe-lacet ou un enfile-élastique. Passez-le par l'ouverture et faites-le courir sous le biais pour le faire ressortir par l'ouverture. Tirez légèrement les extrémités et insérez le sac dans le panier : le bord supérieur doit bien recouvrir les bords du panier, mais le sac doit pouvoir se retirer facilement. Vérifiez qu'il est bien ajusté puis cousez les 2 extrémités ensemble. Coupez à ras, poussez la jointure sous le biais et refermez la partie ouverte du biais.

HOUSSE DE SELLE

Légèrement rembourrée pour un maximum de confort, cette housse de selle réversible permet de varier les effets. Vous ne pourrez bientôt plus vous en passer !

LA COUPE
Coupez une housse dans le tissu principal et la doublure, ainsi que dans le molleton. Réduisez la pièce de molleton de 1 cm tout autour.

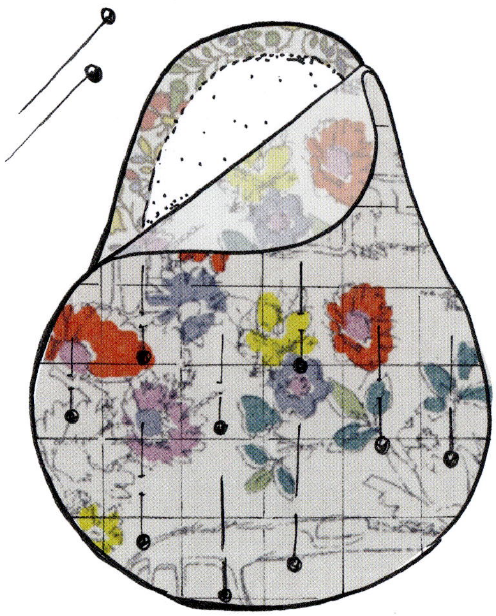

LE GABARIT
Reproduisez le gabarit de la page 150 à 200 %.

❶ MARQUER LES LIGNES DE MATELASSAGE

Pliez une des pièces de la housse en deux dans la longueur pour trouver le centre. Tracez la ligne centrale à l'aide d'une règle transparente et d'un feutre effaçable à l'air. Rajoutez des lignes parallèles de chaque côté, espacées de 3 cm, puis tracez des lignes perpendiculaires, également espacées de 3 cm, pour former un quadrillage.

❷ RÉALISER LE MATELASSAGE

Placez la pièce principale envers vers vous et centrez le molleton dessus. Placez la doublure par-dessus, endroit vers vous, en faisant bien coïncider les bords. Épinglez les 3 épaisseurs entre les lignes verticales.

❸ Piquez le long de chaque ligne verticale, puis retirez les épingles et piquez le long des lignes horizontales.

❹ EFFECTUER LES FINITIONS

Gansez le bord de biais et ajoutez-y un élastique en suivant les étapes 8 et 11 du sac à panier(p. 59-60). Serrez bien l'élastique pour que la housse recouvre parfaitement la selle de votre bicyclette.

COUVRE-CAFETIÈRE ET DESSOUS DE TASSE

Ajoutez une touche de couleur à votre table de petit déjeuner avec ce joli couvre-cafetière. Suivez la même méthode pour réaliser une série de dessous de tasse assortis.

IL VOUS FAUT

- 90 x 20 cm de tissu Liberty Tana Lawn dans l'imprimé de votre choix (ici, Farhad coloris D)
- 90 x 20 cm de molleton à matelasser
- 90 x 20 cm de coton uni, pour la doublure
- 4 m de biais de 12 mm de large, dans une couleur assortie
- 2 pastilles de Velcro de 2 cm de diamètre
- 2 boutons de 2 cm de diamètre
- Du fil à coudre coordonné
- Du papier quadrillé de couturière
- 1 machine à coudre
- 1 nécessaire à couture

Si vous souhaitez réaliser uniquement le couvre-cafetière, il vous faudra seulement 35 x 20 cm de tissu Liberty, de molleton et de doublure.

LES MESURES

Ce *cosy* est conçu pour une cafetière standard 8 tasses ou 1 litre. Reproduisez le gabarit de la page 151 à 200 %. Découpez-le et vérifiez qu'il s'adapte bien à votre cafetière avant de commencer à coudre. Vous pourrez alors ajuster la hauteur ou la largeur, si nécessaire.

LES GABARITS

Reproduisez les gabarits de la page 151 à 200 % pour le couvre-cafetière et les languettes.

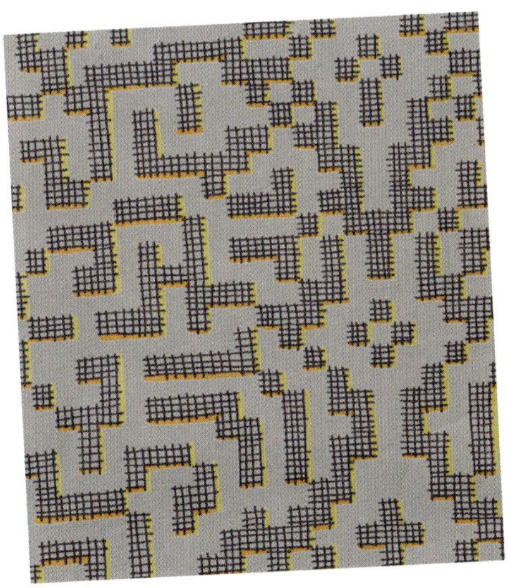

FARHAD *s'inspire de motifs Art nouveau et de labyrinthes paysagers viennois, alliant ainsi l'art et la nature.*

THE HARE
WITH

❸ MATELASSER LES TISSUS

Préparez la machine avec du fil coordonné. En commençant parallèlement au bord droit, piquez une série de lignes verticales espacées de 8 mm sur toute la surface. Alignez le bord droit du pied-de-biche avec la piqûre précédente pour obtenir des intervalles réguliers. Commencez chaque ligne par le bord supérieur pour éviter que le tissu ne forme de plis disgracieux.

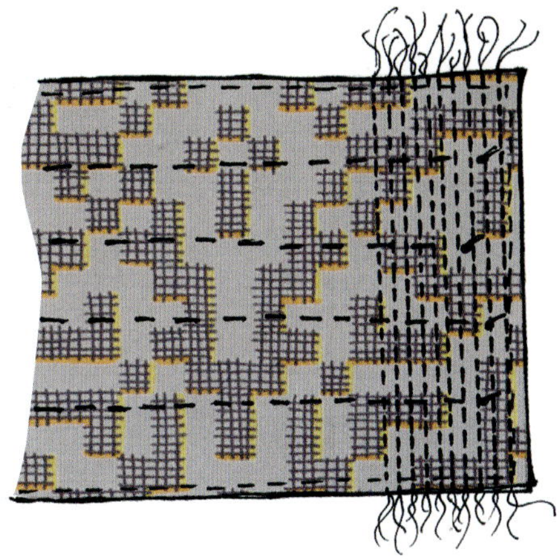

❶ SUPERPOSER LES TISSUS

Étendez le molleton sur le tissu uni et placez le Liberty dessus, endroit vers vous. Faites coïncider les angles et épinglez les 3 épaisseurs ensemble le long des bords.

❹ DÉCOUPER LES PIÈCES

À l'aide des gabarits, découpez la housse et 2 languettes dans le tissu matelassé. Puis découpez des carrés de 14 cm de côté, dont vous arrondirez légèrement les angles, pour les dessous de tasse.

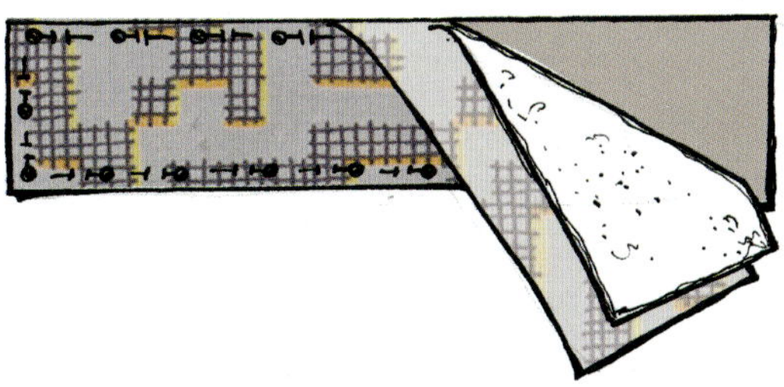

❷ EFFECTUER LE BÂTI

Avec un fil d'une autre couleur, bâtissez les bords, puis effectuez 4 rangs de point de bâti, à 4 cm d'intervalle, dans la largeur. Cela empêchera les tissus de glisser lorsqu'ils seront matelassés.

❺ GANSER LES BORDS

Dépliez une extrémité du biais, faites un rentré de 1 cm, puis repliez. Endroit contre endroit et bord à bord, épinglez cette extrémité au bord gauche de la housse, à 5 cm environ au-dessus du coin inférieur. Bâtissez le biais à la housse, en étirant légèrement le bord de coupe au niveau des angles. Laissez 1 cm de surplus à l'autre extrémité du biais et coupez.

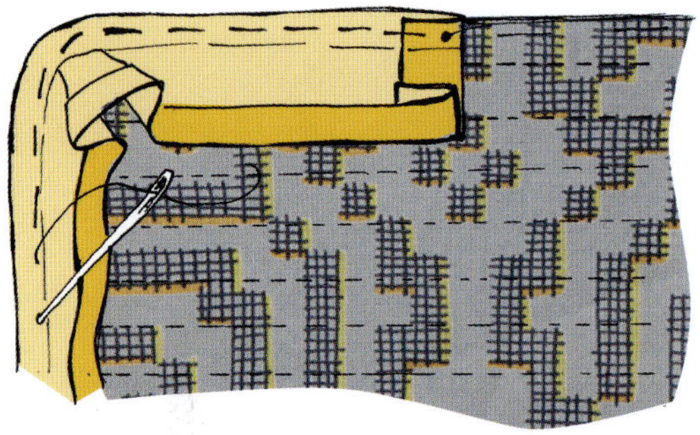

❻ Piquez à 4 mm du bord, en ralentissant au niveau des angles pour plus de précision. Rabattez le biais sur l'envers de la housse et cousez le bord plié au point glissé. Gansez les languettes et les dessous de tasse de la même manière.

❼ AJOUTER LE VELCRO ET LES BOUTONS

Collez la partie agrippante des pastilles de Velcro sur l'envers des languettes. Cousez-les à la main ou à la machine, en prenant soin de ne pas coudre sur le biais. Cousez les boutons sur l'endroit, directement au-dessus du Velcro.

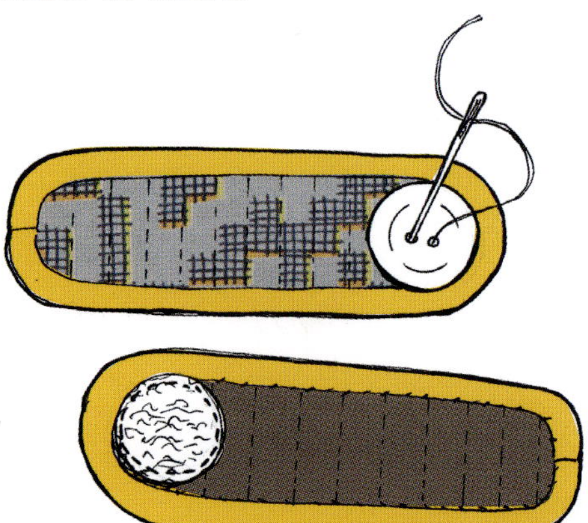

❽ COUDRE LES LANGUETTES À LA HOUSSE

Envers sur le dessus, épinglez les extrémités sans bouton des languettes sur le bord gauche de la housse, en les faisant empiéter de 4 cm sur le tissu. Enfilez la housse à l'envers sur la cafetière et glissez les languettes sous la poignée. Ajustez la position si nécessaire, puis bâtissez les languettes. Piquez-les sur l'endroit, à 3 mm du biais.

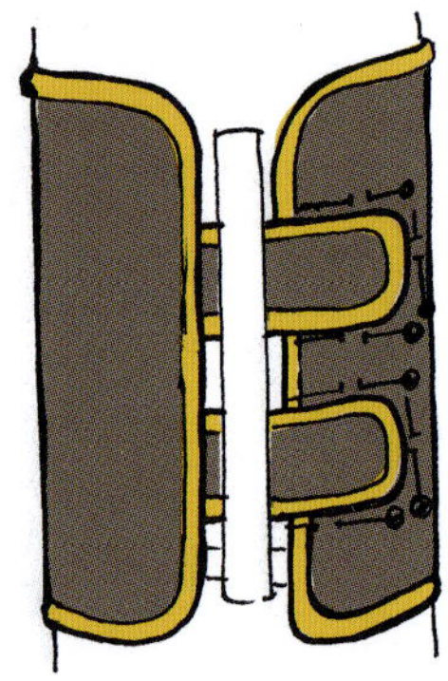

❾ PLACER LE VELCRO

Remettez la housse sur la cafetière, cette fois-ci à l'endroit. Épinglez les languettes sur le bord droit, de sorte que la housse soit bien ajustée sur la cafetière. Marquez l'emplacement de chacune avec des épingles, puis retirez les premières épingles. Fixez la partie velours de chaque rond de Velcro entre les épingles, et cousez-les en place.

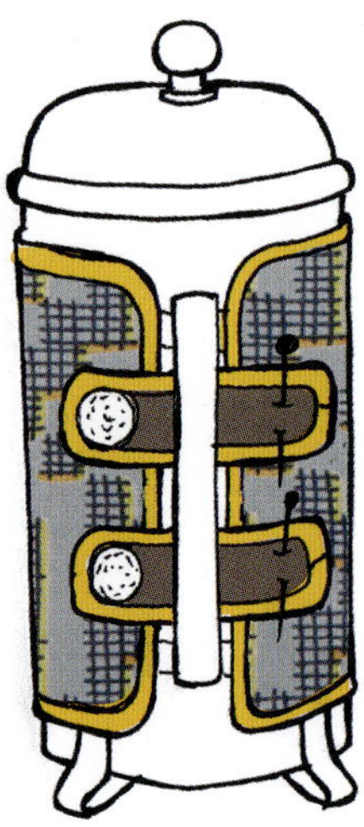

ABAT-JOUR CYLINDRIQUE

Une petite quantité de tissu suffit à créer un impact visuel optimal sur un simple abat-jour cylindrique. Lorsque la lumière se diffuse à travers le tissu, les motifs Liberty révèlent toute leur subtilité.

IL VOUS FAUT

- Du tissu Liberty Tana Lawn dans 3 imprimés et coloris de votre choix :
  - 140 x 20 cm de tissu principal 1 (ici, Scilly Flora coloris B)
  - 140 x 10 cm de tissu complémentaire 2 (ici, Scilly Flora coloris C)
  - 140 x 15 cm de tissu complémentaire 3 (ici, Jugenstil coloris C)
- Du ruban adhésif double face de 1 cm de large
- Du fil à coudre coordonné
- 1 nécessaire à couture
- 1 abat-jour cylindrique en carton uni, de 25 cm de haut, 40 cm de diamètre et 125 cm de circonférence

LES MESURES

tissu 1	1 bande de 128 x 6 cm
	1 bande de 128 x 11 cm
tissu 2	1 bande de 128 x 8 cm
tissu 3	1 bande de 128 x 7 cm
	1 bande de 128 x 5 cm

Ajoutez 3 cm à la hauteur des bandes du haut et du bas, et 2 cm à la hauteur des bandes intermédiaires. La longueur de chaque bande doit être égale à la circonférence de l'abat-jour + 3 cm.

Ces mesures correspondent à l'abat-jour présenté ci-contre ; ajustez les dimensions de vos bandes de tissu en fonction de la taille de votre abat-jour.

SCILLY FLORA *est un imprimé exotique multicolore qui s'inspire de la magnifique flore des jardins de l'abbaye de Tresco, en Cornouailles.*

❶ RÉALISER LA HOUSSE

Repassez les bandes et disposez-les dans leur ordre définitif. Épinglez les deux du haut ensemble, puis piquez-les à 1 cm du bord. Ouvrez la couture au fer. Ajoutez les trois autres bandes de la même manière.

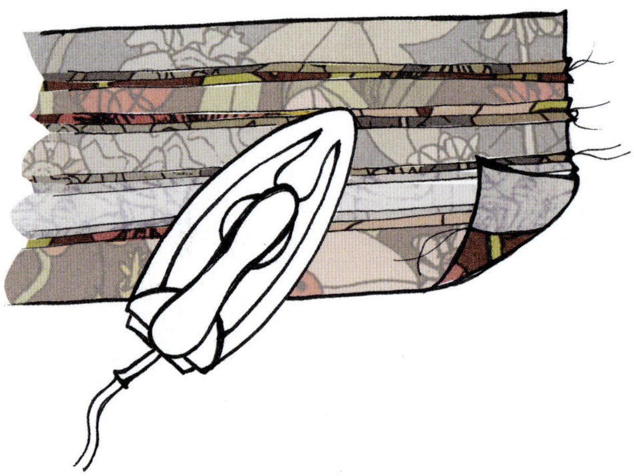

❷ Coupez les bords latéraux afin qu'ils soient parfaitement droits. Endroit contre endroit, bâtissez-les ensemble à 1,5 cm du bord. Glissez la housse sur l'abat-jour pour vérifier la taille : elle doit être parfaitement ajustée et dépasser de 2 cm en haut et en bas. Retirez la housse et ajustez-la si nécessaire. Piquez la couture latérale et ouvrez-la au fer. Retournez sur l'endroit.

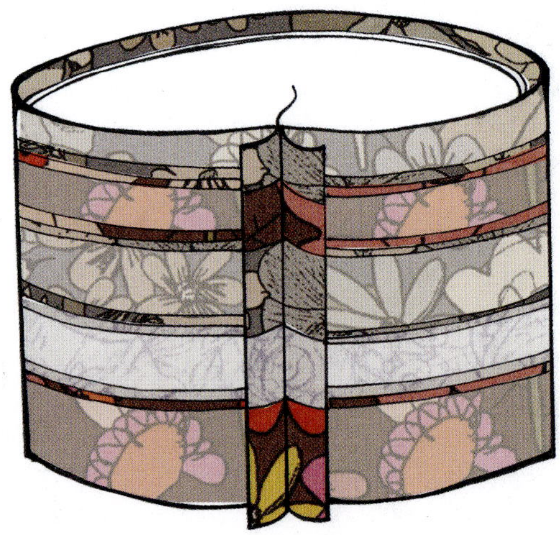

❸ POSER LA HOUSSE

Remettez la housse sur l'abat-jour en veillant à ce que l'excédent de tissu soit le même en haut et en bas.

❹ Fixez du ruban adhésif double face sur tout le pourtour intérieur de l'abat-jour, juste sous le bord supérieur. Détachez le papier protecteur. Rabattez l'excédent sur le ruban adhésif et faites-le bien adhérer. Procédez de même en bas de l'abat-jour.

DESSUS-DE-LIT À CHEVRONS

Si le terme « patchwork » vous évoque des édredons folkloriques d'un autre temps, détrompez-vous ! Ce motif graphique contemporain, beaucoup plus facile à réaliser qu'il n'y paraît, constitue une excellente introduction aux techniques du patchwork.

IL VOUS FAUT

- Des tissus Liberty Lifestyle dans les imprimés coordonnés de votre choix :
  - 112 x 80 cm de tissu 1 (ici, Mackintosh coloris B)
  - 112 x 80 cm de tissu 2 (ici, Newbury coloris B)
  - 112 x 80 cm de tissu 3 (ici, Herbert coloris B)
  - 112 x 80 cm de tissu 4 (ici, Wells coloris B)
  - 112 x 150 cm de tissu 5 (ici, Lowke coloris B)
  - 120 x 150 cm de drap de coton blanc
  - 200 x 230 cm de molleton de coton ou de bambou
  - 210 x 240 cm de toile blanche, pour la doublure
- Du fil à matelasser blanc
- Du fil à coudre coordonné
- 1 plaque de coupe, 1 cutter rotatif
- 1 règle de patchwork carrée de 15 cm de côté
- 1 règle longue
- 1 crayon
- Des épingles de sûreté à matelasser (courbes)
- 1 machine à coudre
- 1 nécessaire à couture

DIMENSIONS DU DESSUS-DE-LIT

environ 175 x 210 cm

NOTE

Cette housse est composée de carrés de 15 cm de côté, chacun constitué d'un rectangle blanc et d'un rectangle bleu. La façon la plus rapide de les couper est d'utiliser un cutter rotatif et une règle de patchwork, mais vous pouvez aussi assembler 2 pièces de 15 x 8,5 cm à la main ou à la machine pour former un carré.

HERBERT *s'inspire d'un imprimé Liberty du début du XXe siècle, époque à laquelle la maison était réputée pour ses motifs emblématiques Art nouveau.*

❶ COUDRE LES BANDES

Déchirez une bande de 10 cm de large dans le drap et le tissu Liberty, en travaillant dans la largeur du tissu. Endroit contre endroit, épinglez les 2 bandes, puis piquez-les à 1 cm d'un bord. Repassez la marge de couture vers le tissu imprimé.

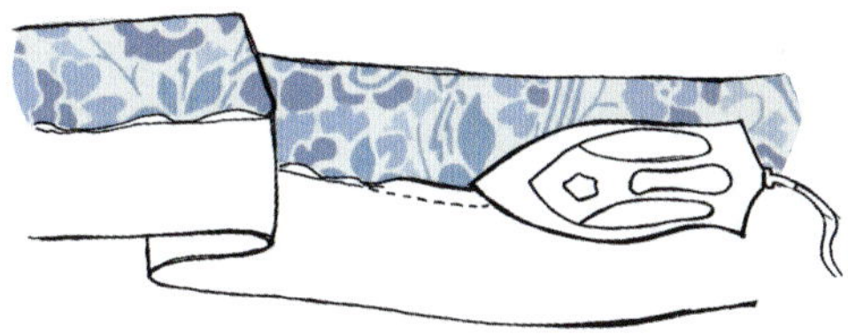

❷ DÉCOUPER LES CARRÉS

Posez les bandes cousues, endroit vers vous, sur une plaque de coupe. Placez la règle de patchwork dessus, de sorte que la graduation centrale (7,5 cm) se trouve exactement sur la ligne de couture. Découpez les 4 côtés du carré au cutter rotatif.
Il vous faudra découper 38 carrés dans le tissu 5 et 28 carrés dans les quatre autres imprimés. Découpez également 19 rectangles de 6 x 3 cm dans le tissu 5 pour les bords supérieur et inférieur.

❸ AGENCER LES PIÈCES

Toutes les pièces sont disposées « en pointe », c'est-à-dire en losange. En commençant par le bord supérieur, disposez 10 pièces du tissu 5 avec le rectangle imprimé en haut. Le rang suivant se compose de 9 pièces du tissu 1, cette fois-ci rectangle imprimé en bas. Ajoutez 10 autres pièces du tissu 1, imprimé en haut. Continuez à alterner des rangs imbriqués de 9 ou 10 pièces, en dégradant les couleurs du foncé au clair : tissu 2, tissu 3, puis tissu 4. Répétez cette série de 5 rayures, puis terminez par 9 pièces du tissu 5. Ajoutez les rectangles en tissu 5 en haut et en bas pour parfaire les chevrons.

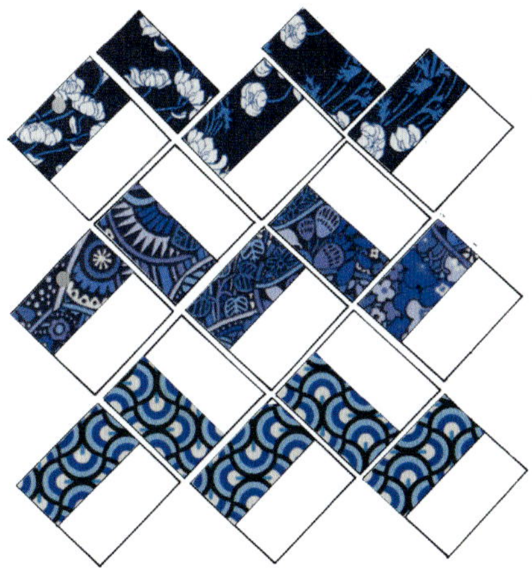

❹ COUDRE LES RECTANGLES

Assemblez les rectangles du bord supérieur avec les pièces du rang juste au-dessous : endroit contre endroit, épinglez le rectangle au bord supérieur du carré. Piquez à 6 mm du bord, puis rabattez la marge de couture au fer côté rectangle. Les rectangles du bord inférieur s'assemblent aux pièces du rang juste au-dessus.

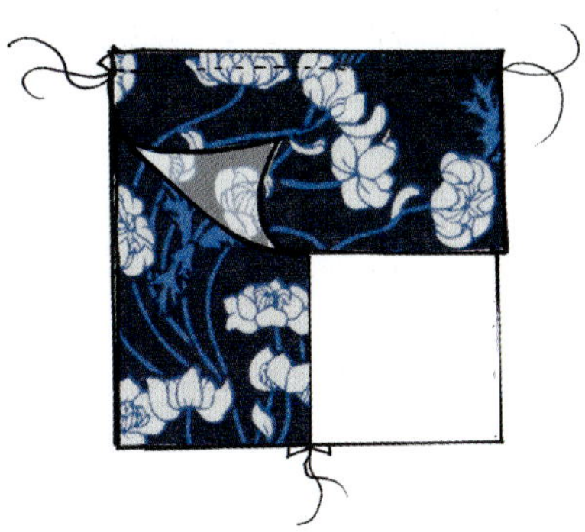

5 ASSEMBLER LES PIÈCES EN RANGS

Les pièces s'assemblent en rangs obliques, qui formeront 4 parties triangulaires. Celles-ci seront assemblées en rectangle. Commencez à l'angle supérieur droit de la partie A. Assemblez les 10 carrés formant le bord droit du triangle, en comptant 6 mm de marge de couture. Rabattez les marges de couture au fer du côté du tissu imprimé. Assemblez les 9 carrés suivants de la même manière pour former le rang adjacent.

6 ASSEMBLER LES RANGS

Endroit contre endroit, épinglez les 2 rangs. Faites coïncider les bords gauches et insérez une épingle aux points de rencontre des coutures. Piquez à 6 mm du bord, en terminant la couture à 6 mm de l'extrémité du dernier rectangle.

7 REPASSER LES COUTURES

Faites un rentré de 6 mm au fer le long du bord du rectangle, et repassez la marge de couture vers le bas, par-dessus le premier rang. Cela formera un bord supérieur qui sera bien net au moment du montage. Assemblez les rangs suivants de la même manière.

8 ASSEMBLER LES AUTRES PARTIES

Réalisez la partie B, en commençant par le rang inférieur droit et en faisant coïncider le bord droit de chaque rang. Vous pouvez coudre ces rangs bord à bord. Les rangs de la partie C s'assemblent également bord à bord. Repassez le bord inférieur de la partie D de la même manière que le bord supérieur.

9 Assemblez la partie A à la partie B, et la partie C à la partie D. Repassez les marges de couture sur un côté, puis assemblez les 2 grands triangles pour terminer le dessus de la couette.

⑩ COUPER LES BORDS

Coupez l'excédent de tissu pour égaliser les bords latéraux : posez une longue règle le long du bord droit, en l'alignant sur les angles verticaux. Tracez un trait au crayon le long de la règle, puis continuez jusqu'en bas. Faites de même sur le bord gauche et coupez le long des traits.

⑪ ASSEMBLER LE DESSUS-DE-LIT

Repassez la toile de fond et étendez-la par terre. Centrez le molleton dessus, puis recouvrez-le du dessus-de-couette, endroit vers vous, également centré. En commençant par un bord et en travaillant d'un côté à l'autre, épinglez les 3 épaisseurs ensemble à l'aide d'épingles de sûreté courbes. Disposez-les régulièrement, à des intervalles d'environ 15 cm.

⑫ RÉALISER LE MATELASSAGE

Avec du fil blanc, effectuez des lignes de petits points devant le long des bords supérieur et inférieur de chaque chevron blanc, à 6 mm des coutures.

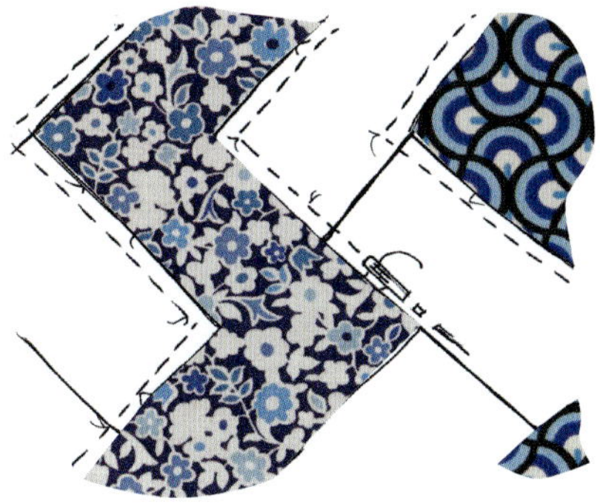

⑬ ÉLIMINER L'EXCÉDENT DE TISSU

Bâtissez les bords latéraux, puis coupez l'excédent de molleton et de toile pour obtenir un bord bien net. En haut et en bas, coupez le molleton au niveau du bord plié. Coupez l'excédent de toile en suivant le bord chevronné, mais en laissant une marge de 1 cm en guise de surplus.

⑭ TERMINER LES BORDS

Pratiquez une petite entaille dans la marge à chaque angle rentrant. Bâtissez la toile au patchwork en rentrant la marge de couture vers l'intérieur à mesure que vous progressez, de façon que les 2 bords pliés coïncident parfaitement. Cousez les bords ensemble au point glissé avec du fil à coudre foncé.

⑮ GANSER LES CÔTÉS

Découpez 4 bandes de 112 x 5 cm dans le reste du tissu 5. Endroit contre endroit, assemblez les bords courts et ouvrez les coutures au fer. Gansez les côtés comme pour le jeté rayé (p. 148).

SETS DE TABLE

Faites entrer de la couleur et des motifs sur votre table de salle à manger avec ces astucieux sets roulables. Glissez vos couverts dans les poches intégrées, joliment gansées.

IL VOUS FAUT

pour chaque set

- 60 x 40 cm de tissu Liberty Tana Lawn dans 2 imprimés complémentaires de votre choix (ici, Mitsi coloris B et Glenjade coloris N)
- 60 x 40 cm d'entoilage thermocollant d'épaisseur moyenne
- Du fil à coudre coordonné
- 1 machine à coudre
- 1 nécessaire à couture

LA PRÉPARATION DU TISSU

Déterminez quel tissu formera l'endroit du set et repassez l'entoilage sur l'envers de ce tissu. Si vous souhaitez faire une pochette contrastée, découpez-la et thermocollez-la séparément.

LA COUPE

Pour plus de précision, utilisez un cutter rotatif, une règle de patchwork et une plaque de coupe. Sinon, réalisez un gabarit dans du papier quadrillé de couturière.

dans chaque tissu Liberty

pour chaque set	1 rectangle de 45 x 30 cm
pour chaque poche	1 rectangle de 8 x 16 cm

MITSI *s'inspire d'un motif créé par l'atelier Liberty dans les années 1950, représentant de jolies fleurs de cerisier dans un style très japonais.*

❷ RÉDUIRE LES ANGLES

À chaque coin, marquez un point sur chaque bord, à 1 cm de la pointe, et tracez un trait entre les deux. Coupez le long du trait. Il se peut que vous ayez à entailler la couture : cela n'a pas d'importance, car les trous seront dissimulés dans la bordure.

❶ ASSEMBLER LES 2 ÉPAISSEURS

Épinglez les 2 rectangles ensemble envers contre envers. Piquez sur tout le pourtour à 1 cm du bord. Réduisez la marge de couture à 5 mm.

❸ RENTRER LES BORDS

Côté entoilé sur le dessus, rabattez et rentrez 5 mm le long de chaque bord, en utilisant la pointe du fer à repasser. Répétez de façon à obtenir un ourlet double de 5 mm tout autour.

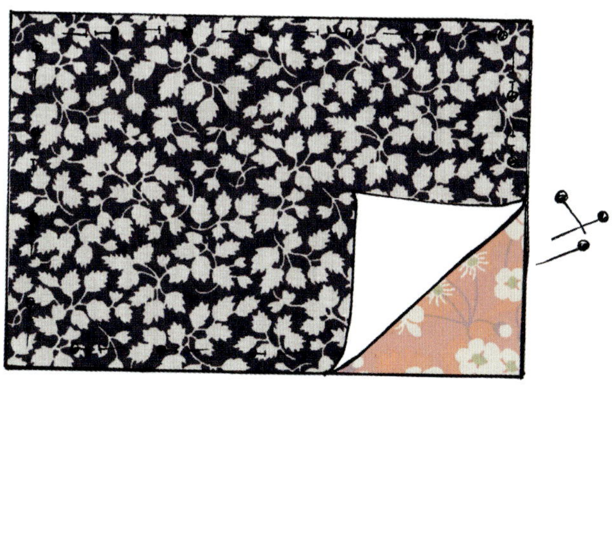

❹ COUDRE L'OURLET

Avec un fil machine, piquez l'ourlet au milieu du rentré. L'ourlet repassé devrait rester en place, et ne nécessite donc pas d'épingles ou de bâti.

❺ RÉALISER LA POCHE

Endroit contre endroit, épinglez les 2 poches ensemble et piquez à 5 mm du bord, en laissant un espace de 5 cm au centre d'un bord long. Rabattez la marge de couture au fer de part et d'autre de cette ouverture. Réduisez les angles et retournez la poche sur l'endroit.

❻ Ajustez les angles droits et repassez légèrement. Rabattez le bord supérieur sur 4 cm pour former une bordure contrastée et repassez.

❼ POSER LA POCHE

Placez la poche à 2 cm du bord inférieur et à 2 cm du bord droit. Épinglez et piquez à 3 mm des bords, en omettant le bord supérieur pour pouvoir y glisser des couverts. Renforcez les 2 extrémités de la couture.

POUPÉE « LIBBY »

Les petites filles adorent les vêtements en Liberty, et cette poupée de chiffon ne fait pas exception. En raison des petites pièces détachables (comme les chaussures), ce jouet ne convient pas aux enfants de moins de 4 ans.

IL VOUS FAUT

- Des chutes de tissus Liberty Tana Lawn dans différents imprimés
- 50 x 30 cm de tissu en lin crème
- 100 g de molleton polyester standard pour jouets
- 30 x 30 cm de feutrine
- 12 x 5 cm de toile thermocollante double face
- 1 bande de Velcro de 7 x 0,5 cm
- Du fil à coudre coordonné
- Du coton à broder torsadé noir et rose, pour les yeux et la bouche
- 1 petite pelote de laine marron, pour les cheveux
- 1 élastique à cheveux, pour les cheveux
- 3 petits boutons
- 1 machine à coudre
- 1 nécessaire à couture
- 1 aiguille à tricoter
- 1 aiguille à tapisserie
- 20 x 20 cm de carton

LES GABARITS

Reproduisez les gabarits de la page 152 à 200 %, et découpez les patrons pour le corps, le bras, la jambe, le corsage, la veste et la chaussure.

LA COUPE

dans le lin crème

POUR LA POUPÉE

2 corps
2 jambes, coupées sur la pliure du tissu
2 bras, coupés sur la pliure du tissu

dans les tissus Liberty

POUR LE CORSAGE

2 rectangles de 25 x 20 cm

POUR LA JUPE

2 rectangles de 6 x 50 cm
2 rectangles de 8 x 50 cm
2 rectangles de 10 x 50 cm
2 rectangles de 12 x 50 cm

POUR LA CEINTURE

1 bande de 8 x 40 cm

dans la feutrine

POUR LA VESTE

2 rectangles de 25 x 15 cm

POUR LES CHAUSSURES

1 rectangle de 5 x 12 cm

CECIL BEATON DIARIES

Fabriquer la poupée

❶ RÉALISER LA TÊTE ET LE CORPS

En vous référant au gabarit, marquez les yeux, la boucle, l'emplacement des cheveux et les pointes A, B et C sur l'une des pièces du corps. Endroit contre endroit, épinglez et bâtissez les deux pièces du corps. Piquez 2 fois autour de la tête et des épaules, entre les 2 points A, afin de renforcer la couture. Piquez les 2 côtés entre les points B et C, en effectuant quelques points arrière à chaque extrémité pour arrêter les coutures.

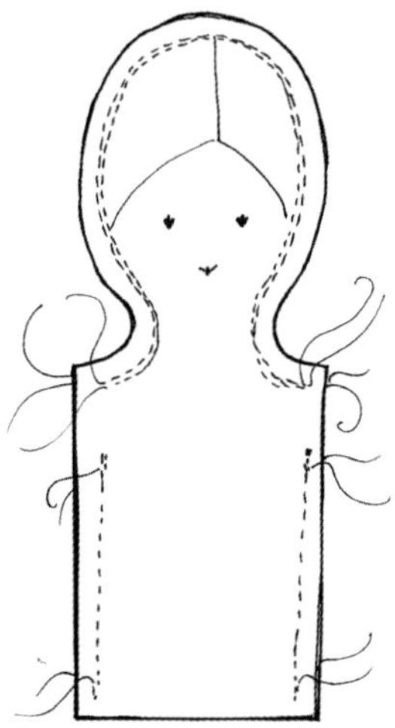

❷ TERMINER LES COUTURES

Réduisez la marge de couture autour de la tête et des épaules à 5 mm. Découpez de petites entailles triangulaires dans la marge de couture, en coupant jusqu'à 2 mm de la piqûre. Espacez-les de 5 mm dans les courbes du cou et de 1 cm autour de la tête. Rabattez la marge de couture au fer sur les côtés et le bas du corps, devant et derrière.

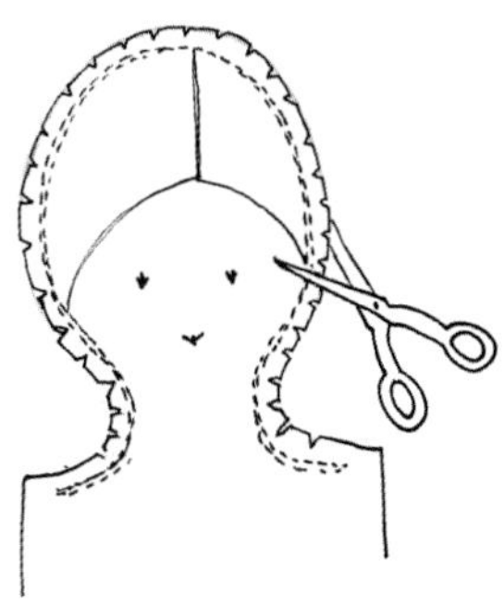

❸ COUDRE LES BRAS ET LES JAMBES

Repliez les bras et les jambes et bâtissez les bords ensemble. Piquez à 1 cm du bord, en renforçant les 2 extrémités de la couture. Réduisez la marge de couture à 5 mm, en le fuselant à 3 mm au niveau des pointes.

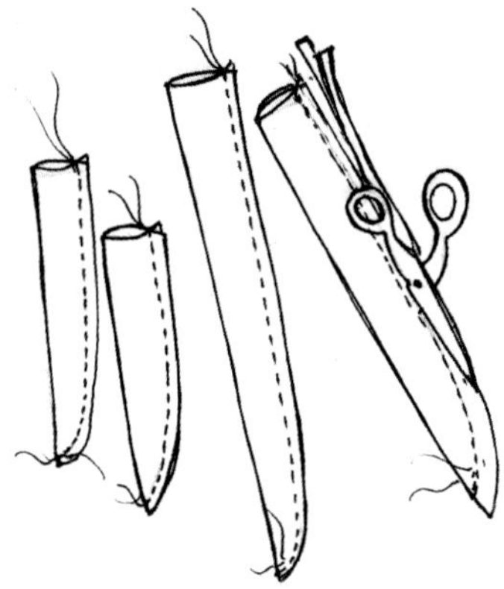

❹ RETOURNER SUR L'ENDROIT

Retournez toutes les pièces sur l'endroit, en vous aidant d'une aiguille à tricoter pour faire ressortir la pointe des membres. Ajustez les coutures en les roulant entre les doigts et le pouce de façon que les points soient sur les bords extérieurs.

❺ REMBOURRER LA POUPÉE

Rembourrez fermement toutes les parties de la poupée, en vous aidant de l'aiguille à tricoter pour enfoncer le molleton jusqu'au bout des bras et des jambes, ainsi que dans la tête. Assurez-vous que le cou est bien rembourré avant de passer au corps, afin que la tête reste bien droite. Bâtissez le bord supérieur des bras et des jambes, en positionnant les coutures au milieu et à l'arrière.

❻ AJOUTER LES BRAS ET LES JAMBES

Insérez le haut des jambes dans le bas du corps. Épinglez et bâtissez, puis cousez à la main avec un fil de même couleur, en prenant bien toutes les épaisseurs. Insérez le haut des bras dans les ouvertures latérales, dans le prolongement des épaules. Cousez comme pour les jambes.

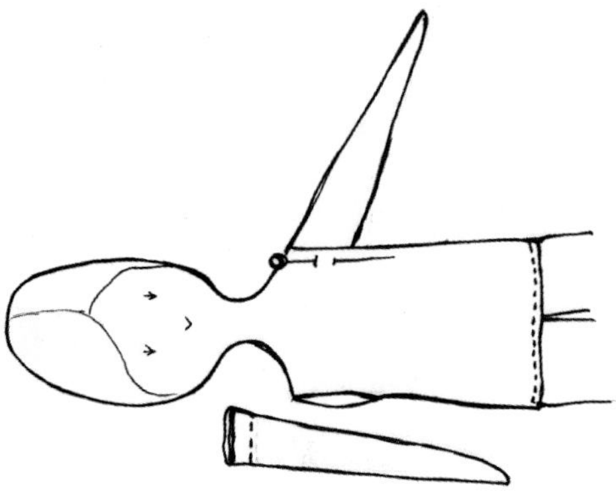

❼ BRODER LES DÉTAILS

Avec du coton à broder noir, faites un point vertical de 4 mm pour chaque œil, puis un petit point oblique de part et d'autre pour figurer les cils. La bouche consiste en un point horizontal rose pris au milieu par un petit point vertical l'étirant en un sourire. Ajoutez un peu de vrai blush pour lui donner les joues roses.

❽ RÉALISER LES CHEVEUX

Tracez un trait de 15 cm au centre du carton et enroulez la laine perpendiculairement à ce trait jusqu'à ce qu'il soit recouvert de laine. Coupez la laine en laissant une longue extrémité et enfilez-la dans une aiguille à tapisserie. Effectuez un rang de points arrière le long du trait central : cela formera la raie de la chevelure. Coupez les fils de laine au dos du carton, le long de la ligne centrale horizontale.

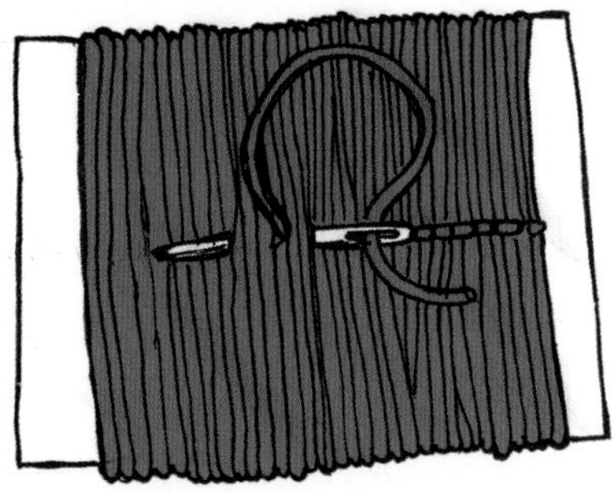

❾ RÉALISER LA COIFFURE

Épinglez la raie de la chevelure sur la ligne centrale de la tête et jusqu'en bas de la nuque. Avec du fil de même couleur, cousez la chevelure en place le long de la raie. Cousez les cheveux de devant de part et d'autre du visage avec un fil de laine, et égalisez les cheveux tout autour. Rassemblez-les en une queue-de-cheval basse et fixez-la avec l'élastique. Séparez celle-ci en deux juste au-dessus de l'élastique, et rentrez le bout libre dans le trou.

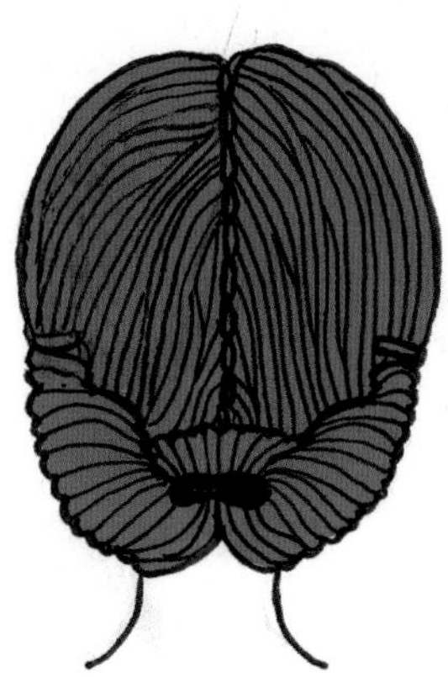

Réaliser la robe

❶ RÉALISER LE CORSAGE

Posez 2 rectangles de Liberty endroit contre endroit, puis épinglez-les sur le gabarit. En suivant soigneusement le bord, piquez le long des côtés et du haut du gabarit, en laissant le bas ouvert. Découpez en ajoutant 5 mm de marge de couture. Crantez la marge de couture comme pour la tête de la poupée. Rabattez 1 cm au fer des 2 côtés du bord inférieur, puis retournez sur l'endroit. Ajustez les coutures et repassez légèrement.

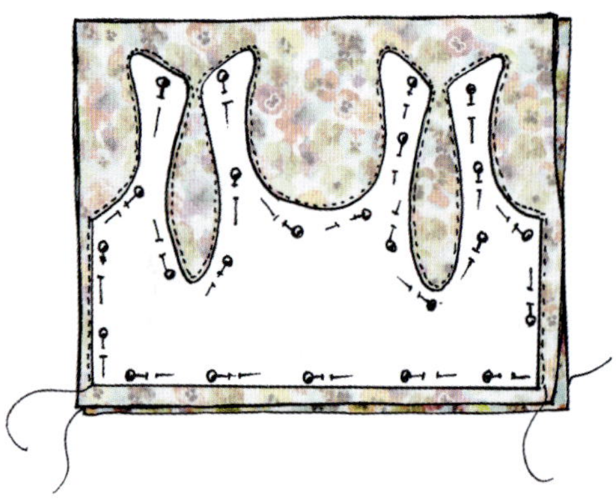

❷ MARQUER LES VOLANTS DE LA JUPE

Épinglez chaque paire de rectangles Liberty endroit contre endroit, et piquez le long des côtés et du bord inférieur. Réduisez les angles, retournez sur l'endroit et repassez. Réglez votre machine sur le point droit le plus long et piquez 2 rangs espacés de 5 mm le long de chaque volant, à 5 mm du bord supérieur et en laissant de longues extrémités de fil.

❸ ASSEMBLER LA JUPE

Trouvez les 2 fils supérieurs (un pour chaque rang de piqûre) à un coin du premier rectangle et tirez-les doucement tout en fronçant le tissu de l'autre main. Quand vous avez froncé la moitié du rectangle, répétez depuis l'autre côté. Ajustez les fronces jusqu'à ce que le volant fasse 20 cm de large.

❹ Procédez de même avec les 3 autres volants, puis superposez-les en plaçant le plus long dessous. Bâtissez les bords supérieurs des volants ensemble et surfilez toutes les épaisseurs au point zigzag.

❺ ASSEMBLER LA JUPE AU CORSAGE

Insérez le bord surfilé de la jupe entre le devant et le dos du corsage, puis épinglez et bâtissez. Piquez toutes les épaisseurs : cette couture n'a pas besoin d'être parfaite car elle sera cachée par la ceinture.

6 COUDRE LA CEINTURE

Pliez la bande de Liberty en deux dans la longueur, endroit contre endroit. Épinglez les bords de coupe et piquez à 1 cm du bord. Laissez une ouverture de 5 cm au centre du bord long et faites les piqûres des bords courts en biais pour créer des pointes. Rabattez la marge de couture au fer de chaque côté de l'ouverture, réduisez les angles, retournez sur l'endroit et repassez. Refermez l'ouverture au point glissé. Cousez la ceinture à la main sur le haut de la jupe afin de cacher la couture.

7 EFFECTUER LES FINITIONS

Séparez les 2 parties de la bande Velcro et piquez-en une de chaque côté de l'ouverture du corsage, à l'arrière de la robe. Enfilez la robe sur la poupée, refermez les bandes Velcro et nouez les bretelles des épaules et la ceinture.

Réaliser la fleur

1 Réalisez une petite fleur avec les chutes de feutrine et de tissu, en découpant un cercle aux ciseaux cranteurs dans chaque matière. Cousez un bouton au centre et cousez la fleur sur les cheveux de la poupée.

Réaliser la veste

1 Superposez les 2 rectangles de feutrine et épinglez-les sur le gabarit. En suivant précisément le contour du papier, piquez les épaules, les côtés et le dessous des manches. Renforcez les extrémités des coutures par quelques points arrière. Coupez juste au bord du gabarit, à 3 mm des coutures, puis découpez le centre du devant de la veste. Retournez sur l'endroit.

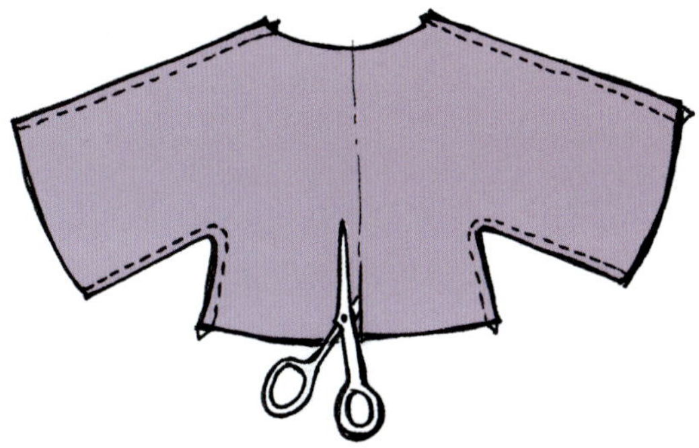

Réaliser les chaussures

1 Avec de la toile thermocollante double face, fixez la feutrine à une chute de Liberty, en suivant les instructions du fabricant. Découpez la pièce obtenue en 2 carrés de 6 cm. Pliez-les en deux, feutrine à l'intérieur, et épinglez le gabarit le long de la pliure. Tracez le contour, puis piquez le long de la semelle. Évidez le demi-cercle, coupez le long du cou-de-pied et réduisez la marge de couture à 3 mm. Retournez sur l'endroit, enfilez sur le pied de la poupée et cousez en place. Posez un petit bouton sur le bord extérieur. Réalisez l'autre chaussure de la même manière.

GUIRLANDE FLORALE

Cette ravissante guirlande de fleurs est d'une simplicité enfantine à réaliser ; c'est également un moyen très astucieux d'utiliser des chutes de joli tissu.

IL VOUS FAUT

- Des chutes de tissus Liberty Tana Lawn dans différents imprimés, dont du vert pour les feuilles
- De la toile thermocollante double face
- Du coton à broder torsadé
- Du fil à coudre
- 1 bouton pour le centre de chaque fleur
- 1 feutre effaçable à l'air ou 1 craie de tailleur (format crayon)
- Des ciseaux cranteurs
- 1 machine à coudre
- 1 nécessaire à couture

LES GABARITS

Reproduisez les gabarits de la page 150 à 200 %, et découpez les fleurs intérieure et extérieure, le cercle central et la feuille.

PRÉPARER LE TISSU

Les 3 épaisseurs qui forment chaque fleur sont toutes composées de 2 imprimés différents, assemblés avec de la toile thermocollante. Choisissez 2 imprimés à motifs de même taille et repassez une pièce de toile thermocollante de même forme sur l'envers du premier tissu, en suivant les instructions du fabricant. Détachez le papier protecteur et repassez le côté adhésif sur l'envers du deuxième tissu.

LA COUPE

Tracez le contour des gabarits directement sur le tissu thermocollé à l'aide d'un feutre effaçable ou d'une craie de tailleur. Découpez soigneusement chaque pièce. Avec les ciseaux cranteurs, découpez les cercles centraux.

POUR UNE GUIRLANDE DE 1 M DE LONG :

dans le tissu Liberty

4 fleurs extérieures
4 fleurs intérieures
4 cercles centraux, découpés aux ciseaux cranteurs
des bandes de 5 cm de large de diverses longueurs (de 10 à 25 cm) pour le galon de la guirlande

dans le Liberty vert

3 feuilles, découpées aux ciseaux cranteurs

❶ **ASSEMBLER UNE FLEUR**
Placez la fleur intérieure sur la fleur extérieure de sorte que les pétales soient alternés, puis posez le cercle central au milieu. Cousez les 3 épaisseurs à petits points avec le fil à broder (en utilisant les 6 brins), puis faites ressortir l'aiguille au dos de la fleur.

❷ Pliez la fleur en quatre. Piquez 3 ou 4 fois dans la pointe du pli pour maintenir les épaisseurs ensemble et donner du relief à la fleur.

❸ AJOUTER LE BOUTON

Ouvrez la fleur et cousez 1 ou 2 boutons au centre avec les 6 brins de fil (d'une couleur contrastée).

❹ RÉALISER LE GALON DE LA GUIRLANDE

Endroit contre endroit, épinglez 2 bandes imprimées par les bords courts. Piquez à 1 cm du bord, puis ouvrez la couture au fer. Continuez à ajouter des bandes de tissu jusqu'à la longueur désirée, puis ouvrez les coutures au fer.

❺ Envers contre envers, pliez le galon en deux dans la longueur puis repassez et dépliez. Rentrez un bord long au fer à repasser de sorte qu'il coïncide avec le pli central.

❻ Faites un rentré identique sur l'autre côté, puis repliez au centre et repassez le galon en deux. Piquez les bords pliés en comptant 3 mm de marge de couture.

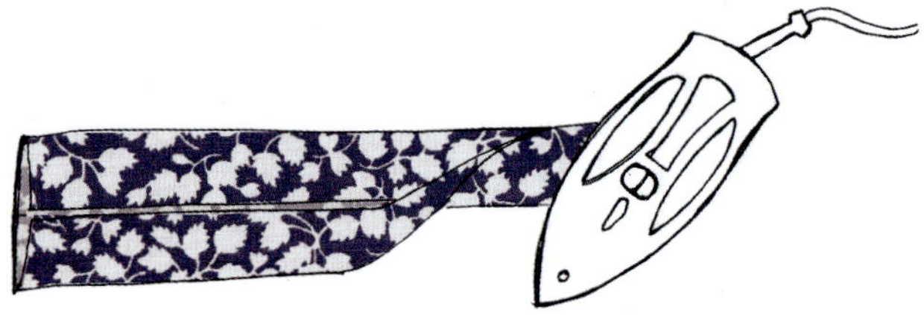

❼ ASSEMBLER LA GUIRLANDE

À présent, déterminez l'ordre des fleurs et disposez-les sur le galon à environ 25 cm d'intervalle. Cousez la pointe pliée de chaque fleur à la main sur le galon, en utilisant une double aiguillée de fil à coudre. Nouez les feuilles sur le galon entre les fleurs.

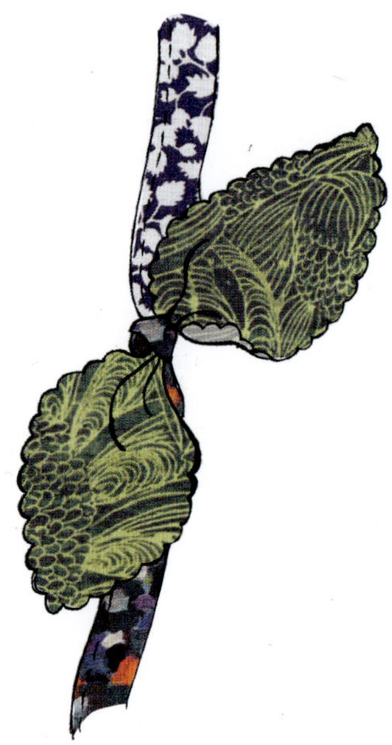

TRAVERSIN DE RANGEMENT

Il n'est pas toujours commode de ranger sa couette d'hiver, mais ce ravissant traversin en velours vous permettra de résoudre le problème tout en ajoutant une touche luxueuse à votre chambre à coucher.

IL VOUS FAUT

- 100 x 100 cm de velours Liberty dans l'imprimé de votre choix (ici, Felix Raison coloris A)
- 100 x 100 cm de coton uni de poids moyen
- 2 m de ruban de velours en 3 cm de large, pour la garniture
- 2 m de ruban de velours en 3 cm de large, pour les liens
- Du fil à coudre coordonné
- 1 machine à coudre
- 1 nécessaire à couture
- 1 grosse épingle de sûreté

LA COUPE

dans le velours Liberty
1 carré de 92 cm de côté

dans le coton uni
2 rectangles de 18 x 92 cm
2 rectangles de 22 x 92 cm

La longueur achevée du traversin rempli est de 135 cm environ ; il convient à un lit double. Ajustez la largeur du panneau de velours pour le faire plus court ou plus long.

PRÉPARER LE TISSU

Surfilez les 4 côtés de chaque pièce au point de surjet ou de zigzag.

FELIX RAISON *s'inspire d'un imprimé de tissu vestimentaire, lui-même reprenant les motifs d'un dessin de châle des années 1850 retrouvé dans les archives Liberty.*

❶ MARQUER LES COULISSES DES RUBANS

Repassez, puis dépliez un rentré de 5 cm le long d'un bord long de chaque rectangle de 18 cm. Ces rentrés formeront les coulisses des rubans à resserrer.

❷ ASSEMBLER LES RECTANGLES DE COTON

Endroit contre endroit, épinglez les bords longs non rentrés des rectangles de 18 cm aux rectangles de 22 cm. Bâtissez et piquez à 1,5 cm du bord. Ouvrez les coutures au fer.

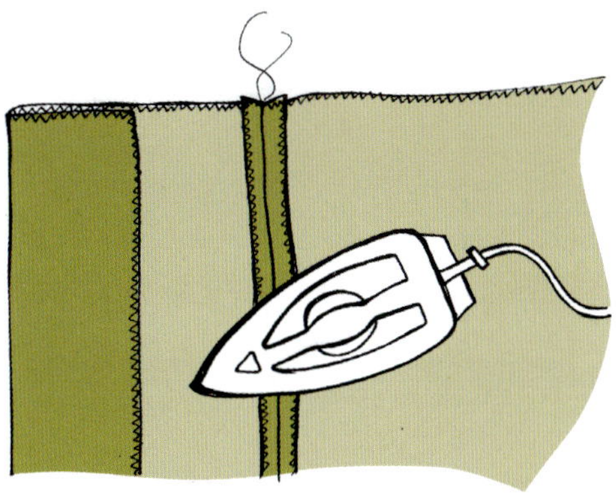

❸ ASSEMBLER LE TRAVERSIN

Épinglez les autres bords longs des rectangles de 22 cm, endroit contre endroit, aux bords latéraux du carré de velours. Bâtissez soigneusement à l'aide de 2 rangs de points de 1 cm pour éviter que les tissus ne glissent au moment d'être cousus. Piquez à 1 cm du bord, de haut en bas. Si le velours dépasse des rectangles de coton, coupez l'excédent de tissu et surfilez de nouveau le bord.

❹ GANSER LES COUTURES

Ouvrez les coutures au fer. Pour éviter d'abîmer le velours, repassez légèrement sur l'envers en couvrant votre planche d'une serviette propre. Coupez le ruban de 3 cm en deux, puis épinglez et bâtissez une longueur de ruban par-dessus chaque couture. Avec du fil coordonné, piquez les 2 bords du ruban en travaillant de haut en bas pour empêcher le tissu de former des plis disgracieux.

❺ CONFECTIONNER LE TUBE

Endroit contre endroit, pliez la housse en deux dans la longueur. Épinglez les bords longs ensemble, en faisant coïncider les extrémités du ruban et les autres coutures. Effectuez 2 lignes de bâti, comme précédemment. Marquez un point à 9 cm de chaque extrémité, puis piquez entre ces points à 1,5 cm du bord. Renforcez les 2 extrémités de la couture.

❻ REPASSER LA COUTURE LONGUE

Roulez la serviette et insérez-la dans la housse pour protéger le velours. Ouvrez délicatement la couture avec la pointe du fer.

❼ RÉALISER LES COULISSES

Bâtissez les surplus de chaque extrémité et piquez-les à 5 mm des bords pliés.

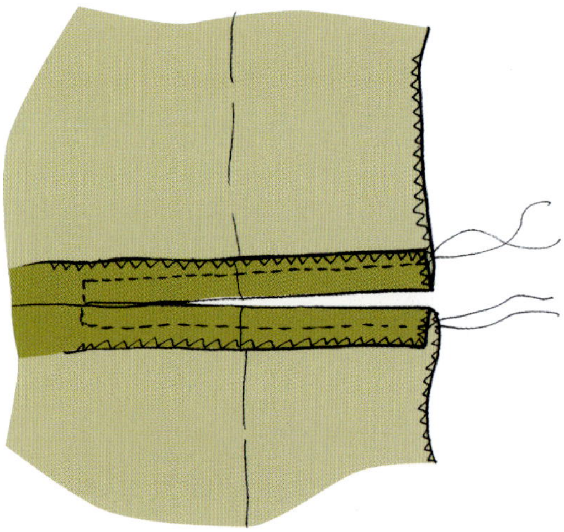

❽ Repliez les rentrés de 5 cm, puis épinglez et bâtissez les bords surfilés tout autour du tube. En commençant à la couture, piquez à 1 cm du bord. Renforcez l'ouverture en piquant en arrière et en avant au point d'intersection.

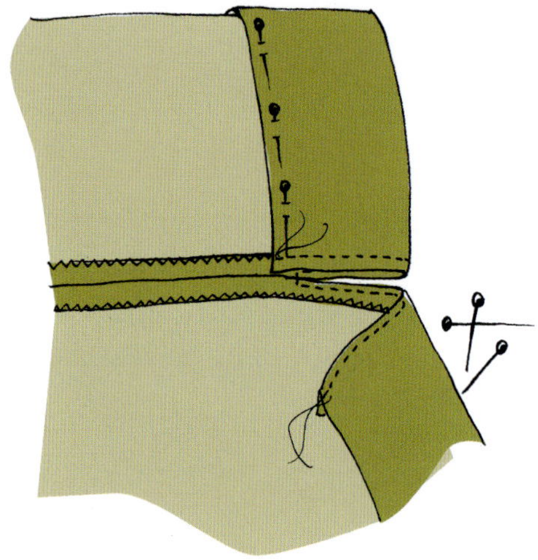

❾ PASSER LES RUBANS DANS LES COULISSES

Retournez la housse sur l'endroit. Coupez le ruban de 2 cm en deux et fixez une grosse épingle de sûreté à l'extrémité d'une longueur. Insérez l'épingle dans la coulisse, puis passez l'autre ruban dans l'autre coulisse.

❿ GARNIR LE TRAVERSIN DE VOTRE COUETTE

Roulez la couette très serrée de haut en bas. Enfoncez une des extrémités aussi loin que possible dans le traversin, puis tirez-le par l'autre côté. Serrez bien les rubans et nouez-les joliment.

COUSSINS À MOTIFS

La technique de l'appliqué permet d'obtenir des effets décoratifs à l'aide de tissu. Les formes graphiques peu complexes, comme ce contour de feuilles, rendent très bien.

IL VOUS FAUT

- Du fil à coudre coordonné
- Du fil à coudre dans un coloris contrasté
- 1 machine à coudre
- 1 nécessaire à couture
- 1 crayon bien taillé

Pour le grand coussin

- 60 x 40 cm de tissu Liberty Tana Lawn dans l'imprimé de votre choix (ici, Wiltshire coloris P)
- 62 x 42 cm de lin vieil or, pour le devant
- 70 x 45 cm de lin noir, pour le dos
- 60 x 40 cm de toile thermocollante double face
- 1 fermeture à glissière de 38 cm de long
- 1 coussin à recouvrir de 60 x 40 cm

Pour le petit coussin

- 45 x 30 cm de tissu Liberty Tana Lawn dans l'imprimé de votre choix (ici, Lodden coloris D ou Felix and Isabelle coloris D)
- 47 x 32 cm de lin noir ou vert olive, pour le devant
- 55 x 35 cm de lin vieil or, pour le dos
- 45 x 30 cm de toile thermocollante double face
- 1 fermeture à glissière de 25 cm de long
- 1 coussin à recouvrir de 45 x 30 cm

LA COUPE

dans le lin noir

panneau arrière large	1 rectangle de 53 x 42 cm
panneau arrière étroit	1 bande de 13 x 42 cm

dans le lin vieil or

panneau arrière large	1 rectangle de 40 x 32 cm
panneau arrière étroit	1 bande de 11 x 32 cm

LES GABARITS

Reproduisez les gabarits de la page 153 à 400 %. Découpez les feuilles du petit coussin et du grand coussin.

Les coussins se réalisent de la même manière, quelle que soit leur taille.

❶ DÉCOUPER LES FEUILLES À APPLIQUER

Tracez le contour du gabarit de votre choix sur le côté papier de la toile thermocollante. Découpez grossièrement et repassez le côté adhésif sur l'envers du Liberty, en suivant les instructions du fabricant. Découpez soigneusement le long du trait de crayon.

❷ FIXER LA FEUILLE AU DEVANT DU COUSSIN

Détachez soigneusement le papier protecteur et placez la feuille sur le devant de coussin. Fixez-la au fer à repasser, en posant et en relevant le fer plutôt qu'en le glissant.

❸ SURFILER LES BORDS

Réglez la machine sur un point de zigzag ou de feston étroit. Avec du fil coordonné ou contrasté, surfilez tous les bords extérieurs de la feuille. Suivez bien les contours pour recouvrir les bords de coupe.

❹ ASSEMBLER LES PANNEAUX DU DOS

Épinglez un bord long de la bande étroite à un bord court du panneau large, endroit contre endroit. Piquez à 2 cm du bord sur 3 cm à chaque extrémité, en renforçant chaque couture par quelques points arrière. Bâtissez le centre de la couture.

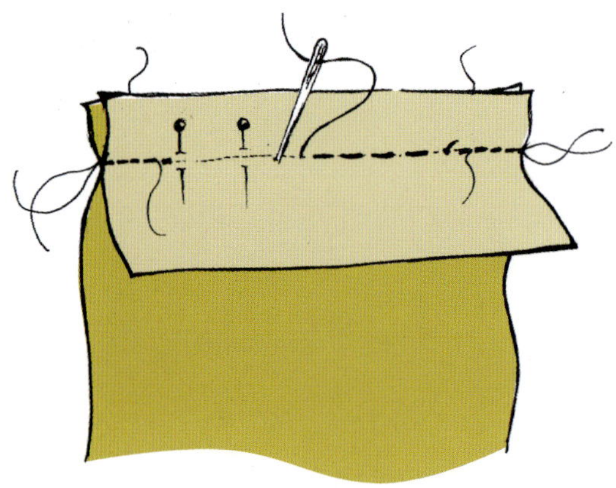

5 AJOUTER LA FERMETURE À GLISSIÈRE

Ouvrez la couture au fer. Centrez l'endroit de la fermeture sur la marge de couture, de sorte que les dents coïncident avec la piqûre, et bâtissez-la en place.

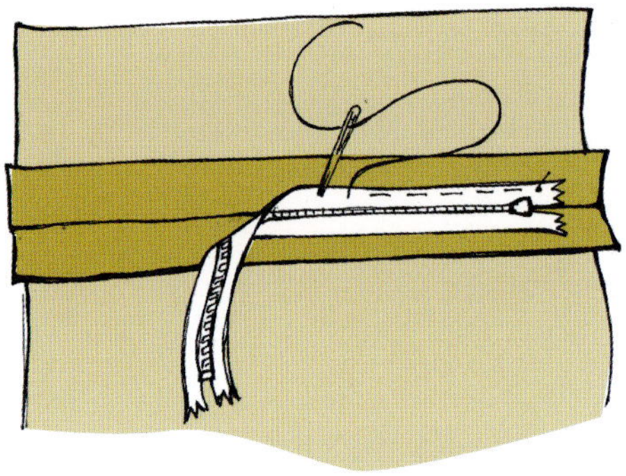

6 Installez un pied ganseur sur votre machine. En travaillant sur l'endroit, piquez le pourtour de la fermeture à 8 mm de l'ouverture centrale avec du fil coordonné. Retirez soigneusement le bâti et ouvrez la fermeture.

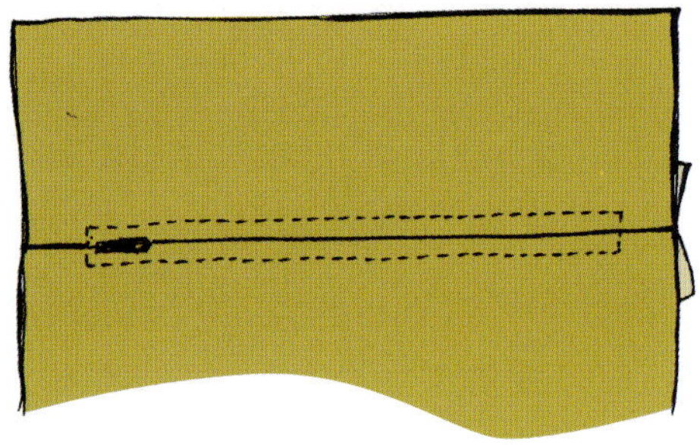

7 ASSEMBLER LA HOUSSE

Épinglez le devant et le dos endroit contre endroit, en faisant coïncider les coins, puis piquez tout autour à 1 cm du bord. Réduisez la marge de couture à 5 mm et surfilez les bords de coupe. Retournez la housse sur l'endroit et repassez-la légèrement. Insérez le coussin et refermez la glissière.

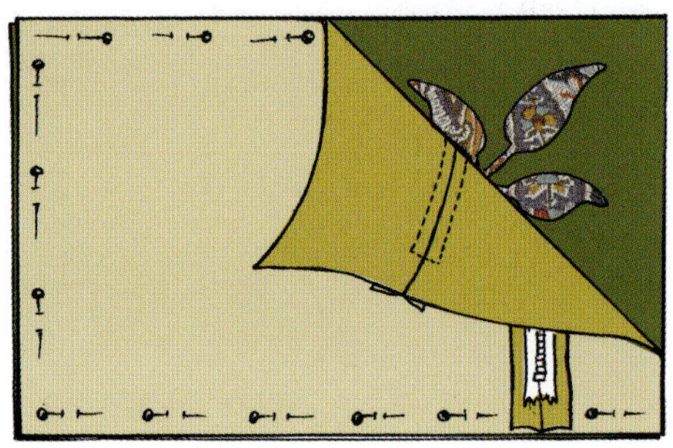

LODDEN *est un motif original de William Morris, produit pour la première fois par Morris & Co en 1884.*

TAIES FESTONNÉES

La texture très fine du tissu Liberty Tana Lawn confère un aspect opulent et soyeux à ces taies d'oreiller qui dureront de longues années.

IL VOUS FAUT

pour 2 taies d'oreiller

- 135 x 100 cm de tissu Liberty Tana Lawn dans l'imprimé de votre choix (ici, May Rose coloris B)
- 135 x 100 cm de tissu Liberty Tana Lawn dans l'imprimé coordonné de votre choix (ici Saeed coloris A)
- 110 x 50 cm de coton blanc uni
- Du papier quadrillé de couturière
- Du fil à coudre coordonné
- 1 machine à coudre
- 1 nécessaire à couture

LA COUPE

Pour éviter tout risque de rétrécissement, lavez le tissu à 40 °C et repassez-le bien avant de le couper.

dans l'imprimé Liberty principal

taie	1 rectangle de 135 x 50 cm
bordure festonnée	2 bandes de 50 x 15 cm
bordure rayée	2 bandes de 50 x 3 cm

dans l'imprimé Liberty coordonné

taie	1 rectangle de 135 x 50 cm
bordure rayée	2 bandes de 50 x 3 cm

dans le coton blanc uni

bordure rayée	6 bandes de 50 x 3 cm
bordure unie	2 rectangles de 50 x 35 cm

LE GABARIT

Reproduisez le gabarit de la page 153 à 200 %, et découpez le bord festonné.

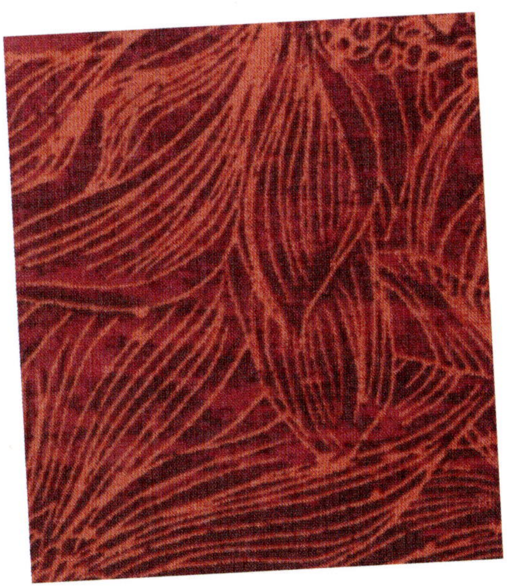

MAY ROSE *était à l'origine un dessin de tournesols censé représenter la plantation mondiale annuelle de tournesols, le 1er mai, par la guérilla jardinière.*

❶ RÉALISER LA BORDURE FESTONNÉE

Endroit contre endroit, assemblez une bande festonnée de chaque imprimé Liberty et centrez le gabarit en papier dessus. Épinglez en plaçant les épingles à 2 cm environ du bord. Piquez lentement le long des festons, en suivant soigneusement les courbes du gabarit.

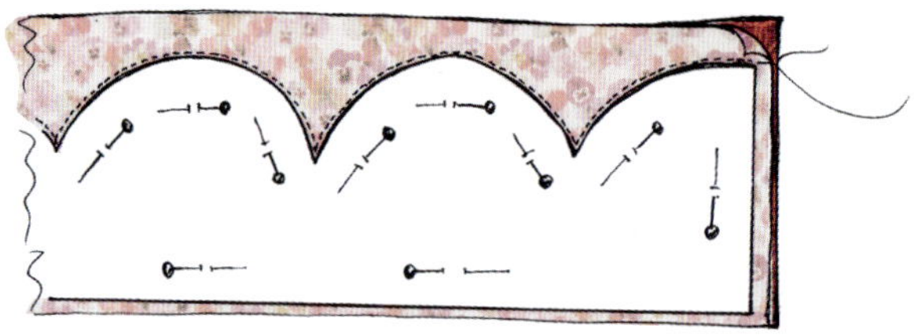

❷ Coupez les bords latéraux droits le long du gabarit, puis retirez les épingles. Réduisez la marge de couture du bord festonné à 3 mm. Pratiquez une entaille verticale entre chaque courbe, en vous arrêtant à 1 mm de la piqûre.

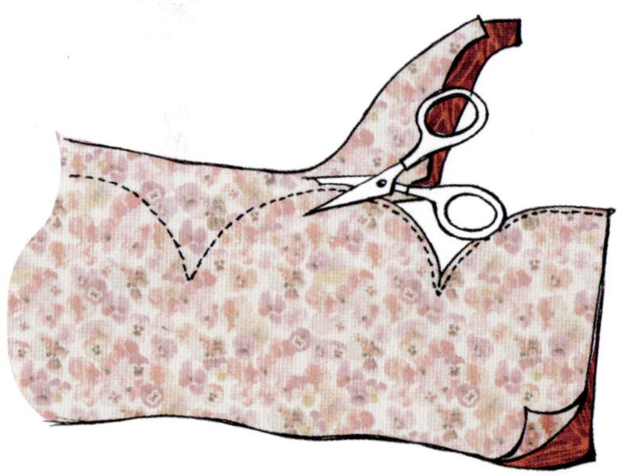

❸ Retournez la bordure festonnée sur l'endroit, ajustez les courbes avec la pointe émoussée d'un crayon et repassez légèrement. Bâtissez les bords droits ensemble.

❹ COUDRE LA BORDURE RAYÉE

Épinglez une bande blanche étroite sur l'endroit d'une bande Liberty. Piquez à 1 cm du bord. Rabattez la marge de couture au fer côté Liberty. Assemblez une autre bande blanche au Liberty de la même manière, suivie par une bande de Liberty coordonné et par une troisième bande blanche.

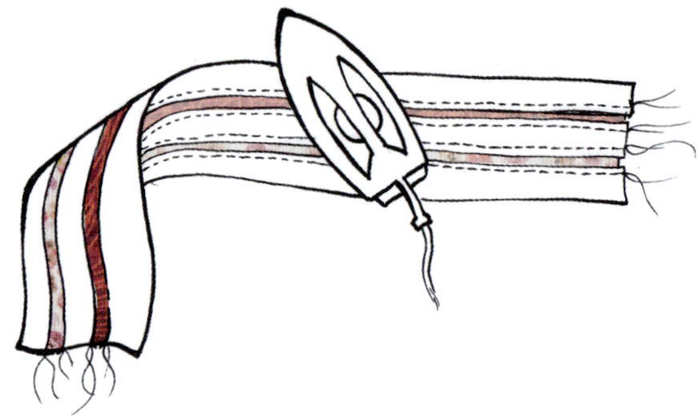

❺ AJOUTER LA BORDURE UNIE

Rentrez 2 cm au fer le long d'un bord long du rectangle blanc et étendez-le endroit vers vous. Posez la bordure festonnée par-dessus, côté clair dessus, en faisant coïncider les bords de coupe. Placez la bordure rayée par-dessus les festons, bande foncée en haut et envers vers vous. Épinglez les 3 épaisseurs le long du bord supérieur et piquez à 1 cm du bord. Repassez la couture en écartant la bordure rayée des 2 autres bordures.

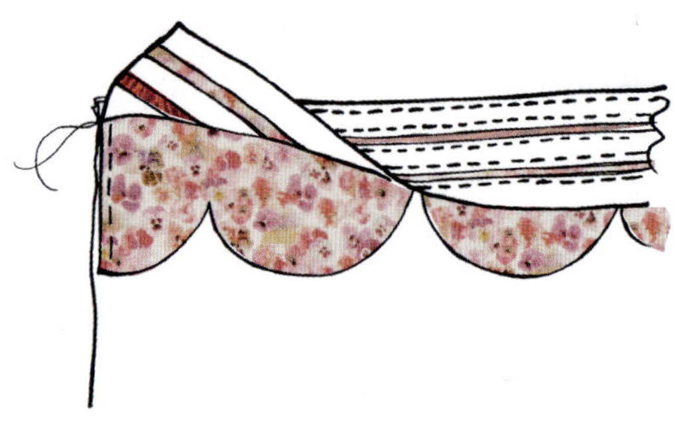

6 ASSEMBLER LES BORDURES À LA TAIE

Coupez la lisière (le bord latéral tissé) d'un côté de la taie la plus foncée. Endroit contre endroit, épinglez la bordure rayée à ce bord et piquez à 1 cm du bord. Rabattez la marge de couture au fer vers la bordure.

7 Rabattez la bordure blanche unie sur l'envers de la taie, de sorte qu'elle recouvre les coutures. Placez le bord plié 1 cm au-delà de la dernière couture, puis épinglez et bâtissez. Sur l'endroit, cousez la bordure blanche en place en piquant le long de la première bande blanche, à 2 mm de la piqûre.

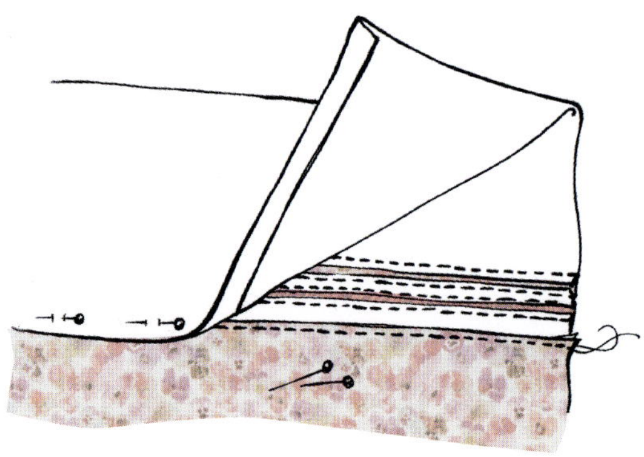

8 EFFECTUER LES FINITIONS

Avec des épingles, marquez l'emplacement de 2 points situés à 70 cm des coins supérieur et inférieur de la bordure (placée horizontalement). Endroit contre endroit, pliez la taie entre ces points. Épinglez les bords supérieur et inférieur ensemble, en commençant à partir des épingles et en travaillant vers la bordure.

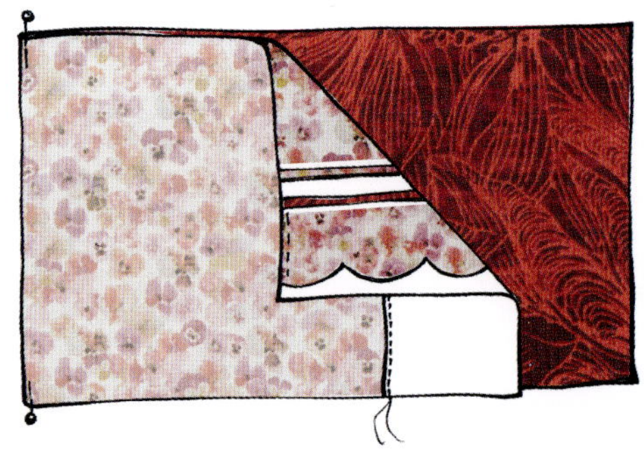

9 Rentrez le rabat restant par-dessus la bordure et épinglez les bords supérieur et inférieur de la taie. Piquez ces bords à 1,5 cm du bord. Réduisez les surplus à 5 mm et surfilez-les. Retournez la taie sur l'endroit, ajustez les angles et repassez légèrement. Confectionnez la deuxième taie de la même manière avec les pièces de tissu restantes.

VIDE-POCHES COUTURE

Facile à réaliser dans des chutes de tissu d'ameublement, ce système de rangement portable, dont les poches peuvent accueillir tout votre matériel de couture, restera toujours à portée de main.

IL VOUS FAUT

- 110 x 80 cm de coutil de coton crème
- 130 x 20 cm de tissu Liberty Linen Union dans l'imprimé de votre choix (ici, September Roslynd coloris A)
- 1 m de biais assorti
- 20 x 5 cm de feutrine
- 20 cm de ruban de dentelle
- De la bourre polyester
- 1 cintre en bois
- 1 crayon bien taillé
- Du papier quadrillé de couturière
- Du fil à coudre coordonné
- 1 machine à coudre
- 1 nécessaire à couture

LA COUPE

dans le coutil de coton
panneau devant 1 rectangle de 50 x 60 cm
panneau dos 1 rectangle de 50 x 60 cm
pique-épingles « fraise »

dans le tissu Liberty
poche à soufflets
grande poche compartimentée
petite poche compartimentée
grande poche à ciseaux
petite poche à ciseaux
poche à aiguilles à tricoter

dans la feutrine
dessus porte-aiguilles
intérieur porte-aiguilles
queue de fraise

GABARITS

Reproduisez les gabarits de la page 157 à 200 %, sauf pour la pochette à soufflets, qui doit être agrandie à 400 %.

SEPTEMBER ROSLYND *est un motif Art nouveau dessiné à la main et créé pour une robe de la collection automne/hiver 2009.*

Best British

Best
DEAN

❶ COUPER LES PANNEAUX DEVANT ET DOS

Marquez le centre supérieur du panneau devant. Placez le cintre le long du bord de sorte que le crochet soit en face de la marque ; tracez le contour supérieur du cintre. Prolongez le trait courbe jusqu'aux côtés, puis découpez soigneusement le long du trait. Servez-vous de cette pièce comme gabarit pour le deuxième panneau.

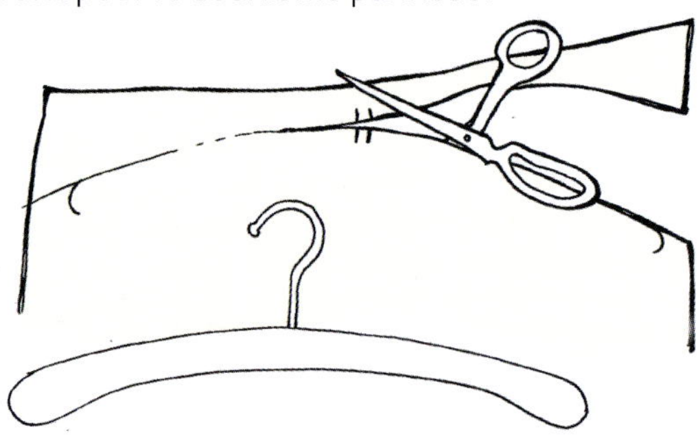

❷ RÉALISER LA POCHE À SOUFFLETS

Rentrez 1,2 cm au fer le long des bords latéraux et inférieur de la poche, et faites un ourlet double de 1,2 cm le long du bord supérieur. Piquez des épingles dans les bords supérieur et inférieur pour marquer les lignes de pliure, à 2,5 et 10 cm d'intervalle, en suivant les pointillés du gabarit. Pliez et repassez chaque ligne l'une après l'autre pour créer 4 plis creux.

❸ Épinglez les plis ensemble et centrez la poche sur le panneau devant, à 5 cm du bord inférieur. Épinglez et bâtissez les côtés, puis piquez à 3 mm du bord. Ensuite, bâtissez le bord inférieur et piquez toutes les épaisseurs à 3 mm du bord. Séparez les soufflets à la main en cousant verticalement le centre de chaque pli creux. Si vous préférez, vous pouvez coudre cette poche et les autres à l'aide de petits points glissés.

❹ AJOUTER LES AUTRES POCHES

Gansez le bord supérieur des 5 poches restantes avec le biais (voir instructions p. 11). Rentrez 1 cm au fer le long du bord inférieur de chaque poche, puis 1 cm le long des côtés. Rentrez les angles au fer afin qu'ils ne dépassent pas du bord supérieur. Repassez les poches compartimentées en deux, puis en quatre, pour marquer les lignes de couture.

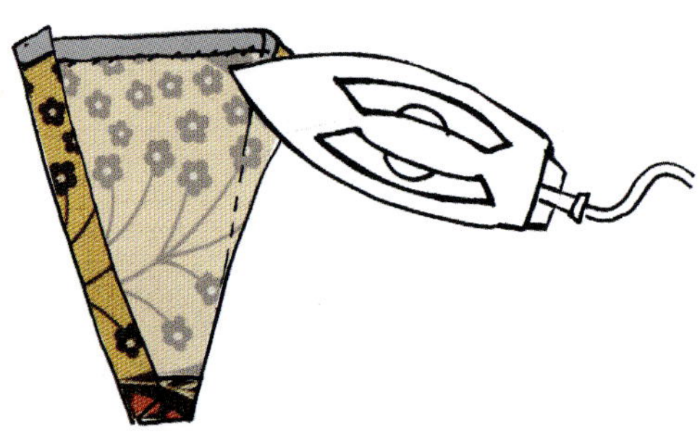

5 En vous référant à la photographie, épinglez la poche à aiguilles à tricoter et la grande poche à ciseaux au-dessus et à gauche de la poche à soufflets, et la petite poche à ciseaux à droite.

6 Placez les poches compartimentées en haut à droite, en alignant les bords droits avec ceux de la grande poche à soufflets. Piquez à 3 mm des bords, puis cousez le long des pliures des poches compartimentées.

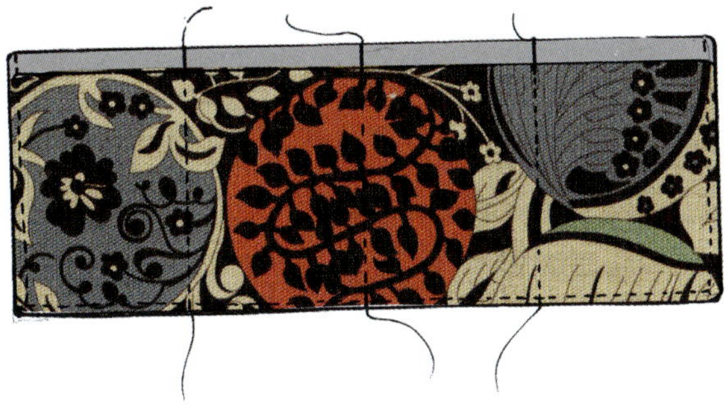

7 RÉALISER LA FRAISE

Assemblez les bords en piquant à 6 mm du bord. Découpez un petit triangle à la pointe, puis retournez sur l'endroit. Effectuez une ligne de petits points devant le long du bord supérieur et rembourrez fermement. Tirez le fil et arrêtez-le par quelques points. Coupez 10 cm de ruban de dentelle et pliez-le en deux. Cousez les extrémités et enfilez la queue de fraise. Cousez l'extrémité du ruban de dentelle sur le haut de la fraise et cousez les pointes de la queue en place.

8 ASSEMBLER LE PORTE-AIGUILLES

Pliez le reste de dentelle en deux et cousez les extrémités au centre du bord supérieur du dessus du porte-aiguilles. Épinglez l'intérieur du porte-aiguilles sur le dessus et cousez le bord gauche à la main. Pliez le porte-aiguilles en deux et faites quelques points dans la tranche pour le maintenir à plat. Cousez le haut des rubans de dentelle sur le panneau principal.

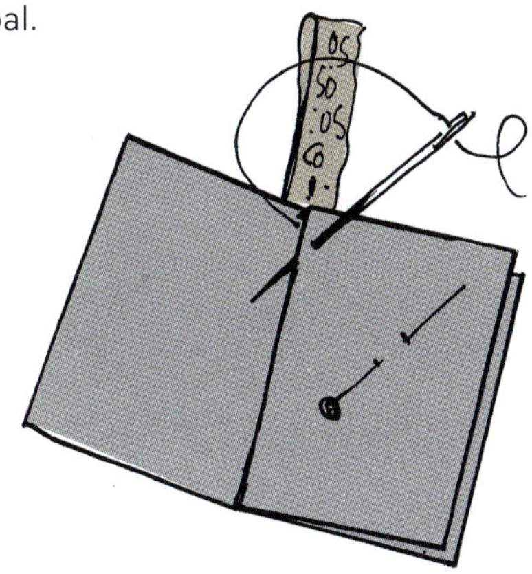

9 ASSEMBLER LE TOUT

Endroit contre endroit, épinglez les panneaux devant et dos ensemble. Piquez à 1,5 cm du bord le long des côtés et du bord supérieur, en laissant une ouverture de 1 cm en haut et au milieu, à l'endroit marqué. Ouvrez la couture au fer, puis rentrez 1 cm au fer le long des 2 bords inférieurs. Retournez sur l'endroit. Insérez le cintre, en passant le crochet dans l'ouverture. Épinglez et bâtissez les bords inférieurs du vide-poches et cousez à la main ou à la machine.

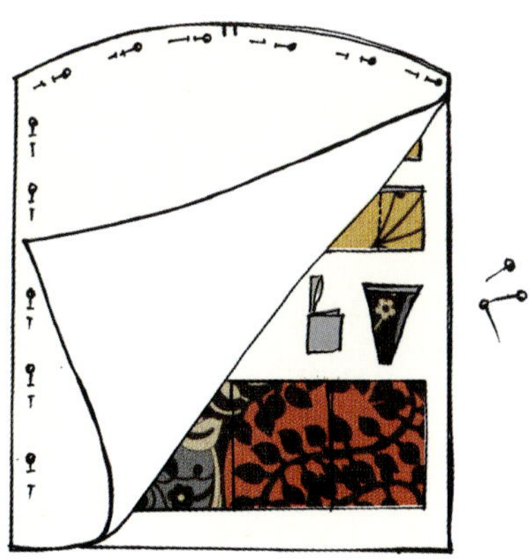

Best British

❶ COUDRE LES REVERS

Rentrez 1 cm au fer le long du bord inférieur de chaque revers. Endroit contre endroit, épinglez et bâtissez les bords supérieurs des revers aux bords inférieurs des jambes de pantalon. Piquez à 1 cm du bord puis rabattez la marge de couture côté revers.

❷ COUDRE L'INTÉRIEUR DES JAMBES

Endroit contre endroit, pliez les jambes de pantalon en deux dans la longueur. Épinglez les 2 bords ensemble, en faisant bien coïncider les extrémités de la couture du revers. Bâtissez et piquez à 1 cm du bord.

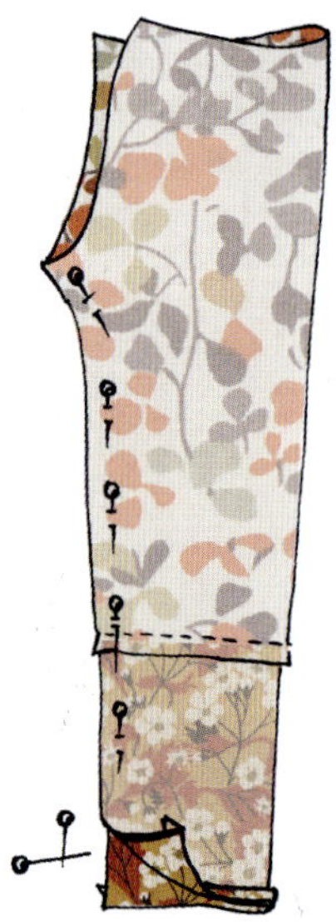

❸ SURFILER LES COUTURES

Ouvrez la couture au fer, uniquement le long du revers. Réduisez le reste de la marge de couture à 6 mm et surfilez au point de zigzag ou de surjet.

❹ RETOURNER LE REVERS

Pliez le revers en deux et épinglez le bord rentré à la jambe de pantalon, juste au-delà de la ligne de piqûre. Bâtissez, puis retournez les jambes sur l'endroit et piquez à 3 mm du haut du revers. Repassez légèrement.

❺ COUDRE LES JAMBES

Endroit contre endroit, épinglez les 2 jambes ensemble à l'endroit où les coutures intérieures se rejoignent. Épinglez les coutures du devant et du dos, puis piquez à 1 cm du bord. Réduisez la marge de couture à 6 mm et surfilez au point zigzag ou de surjet.

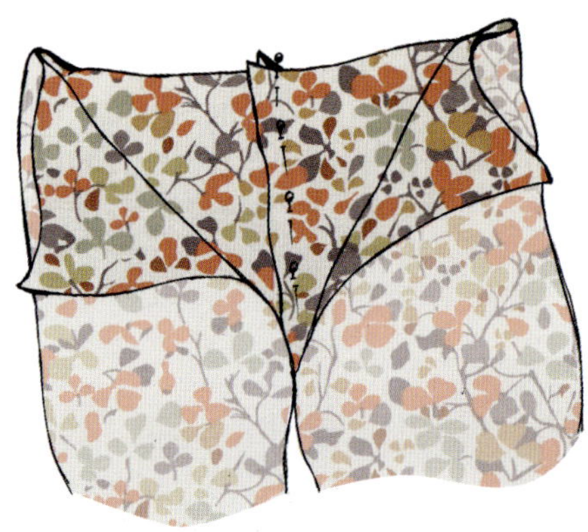

❻ AJOUTER LA CEINTURE

Rentrez 2 cm au fer à chaque extrémité de la ceinture et vérifiez que celle-ci coïncide avec le tour de taille du pyjama. Rentrez 1 cm au fer le long du bord supérieur. Endroit contre endroit et bord à bord, épinglez une extrémité de la ceinture au devant du tour de taille. Épinglez et bâtissez en place tout autour, puis piquez à 1 cm du bord.

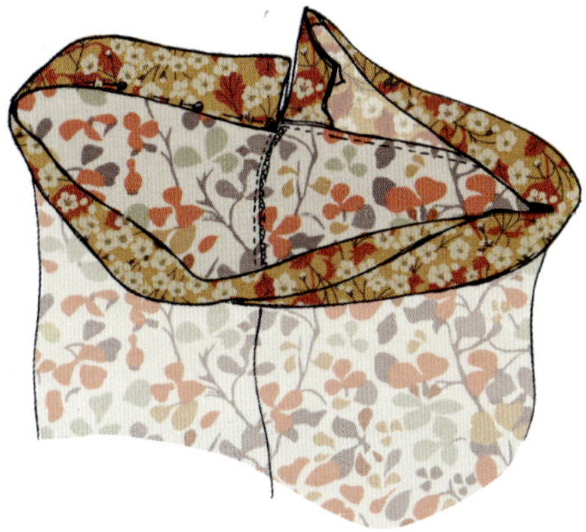

❼ Rabattez le bord rentré sur l'envers de sorte qu'il cache les bords de coupe. Épinglez et bâtissez, en dépassant la ligne de piqûre de 3 mm. Piquez tout autour de la ceinture, juste à l'intérieur de la couture.

❽ ENFILER L'ÉLASTIQUE

Coupez une extrémité de l'élastique en pointe et fixez-la à une épingle de sûreté bien solide. Marquez le tour de taille final sur l'élastique. Enfilez l'épingle dans l'ouverture sur le devant de la ceinture puis faites-la ressortir de l'autre côté.

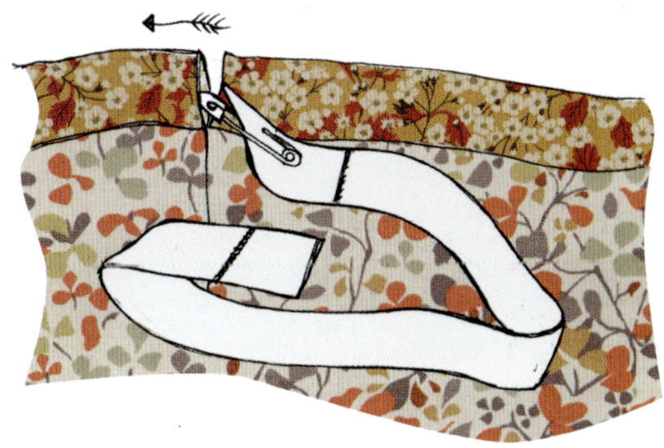

❾ TERMINER LA CEINTURE

Faites coïncider le bout de l'élastique avec la marque faite à l'étape 8 et piquez très solidement les deux côtés de l'élastique. Coupez les bouts et faites tourner l'élastique dans la ceinture pour cacher la jointure. Refermez l'ouverture au point glissé. Réalisez une petite étiquette dans le tissu coordonné et cousez-la à l'intérieur du dos du pyjama pour ne pas se tromper entre l'envers et l'endroit.

❿ AJOUTER UN NŒUD

La version fille est agrémentée d'un petit nœud. Découpez une bande de tissu de 20 x 5 cm et pliez-la en deux dans la longueur endroit contre endroit. Épinglez, puis piquez les 3 côtés à 5 mm du bord. Réduisez les angles et retournez sur l'endroit en poussant les bouts par l'ouverture à l'aide d'un crayon. Ajustez bien les angles et repassez. Formez un joli nœud et cousez-le solidement à la ceinture.

SAC À PIQUE-NIQUE

Avec ses nombreuses poches extérieures et intérieures, ce fourre-tout très pratique deviendra l'accessoire indispensable de vos pique-niques et de vos sorties en plein air.

IL VOUS FAUT

- 110 x 100 cm de grosse toile ou de lin crème
- 112 x 50 cm de tissu Liberty Lifestyle dans l'imprimé de votre choix (ici, Copeland coloris E)
- 110 x 50 cm de coton uni dans une couleur assortie
- 3,5 m de sangle en coton de 2,5 cm de large
- 10 x 38 cm de plastique ondulé, pour la base
- 75 x 50 cm de toile thermocollante double face
- Du fil à coudre coordonné
- Du ruban de renfort adhésif double face
- Du papier quadrillé de couturière
- 1 crayon bien taillé
- 1 machine à coudre
- 1 nécessaire à couture

Copeland *s'inspire d'un motif de 1965 créé par Friedlande di Colbertaldo Dinzl pour Liberty. Il fut imprimé pour la première fois en 1966, sur de la soie.*

LA COUPE

dans la toile ou le lin

panneaux latéraux	2 rectangles de 55 x 40 cm

dans le coton uni

doublure	2 rectangles de 55 x 40 cm
ganses poche	6 bandes de 25 x 8 cm

dans le tissu Liberty

poche intérieure	2 rectangles de 25 x 20 cm

LE GABARIT

Reproduisez le gabarit de la page 156 à 200 %, et découpez la pièce de la poche extérieure.

1 CONFECTIONNER LES POCHES EXTÉRIEURES

Les poches extérieures rigidifiées s'obtiennent en thermocollant 2 épaisseurs de tissu. Tracez le contour du gabarit 6 fois sur le côté papier de la toile thermocollante et découpez juste à l'extérieur du trait.

❷ En suivant les instructions du fabricant, placez les pièces, côté papier vers vous, sur l'envers du tissu Liberty. Repassez-les au fer chaud puis découpez-les grossièrement. Détachez les papiers protecteurs, repassez les poches sur la toile ou le lin crème et découpez le long des traits de crayon.

❸ GANSER LES POCHES

Rentrez 5 mm au fer le long d'un bord long de chaque ganse. Endroit contre endroit, épinglez et bâtissez les bords de coupe des ganses en les centrant sur le devant des poches, dans l'alignement du bord supérieur. Piquez à 1,5 cm du bord de la ganse. Rabattez le bord plié sur l'envers et cousez au point glissé.

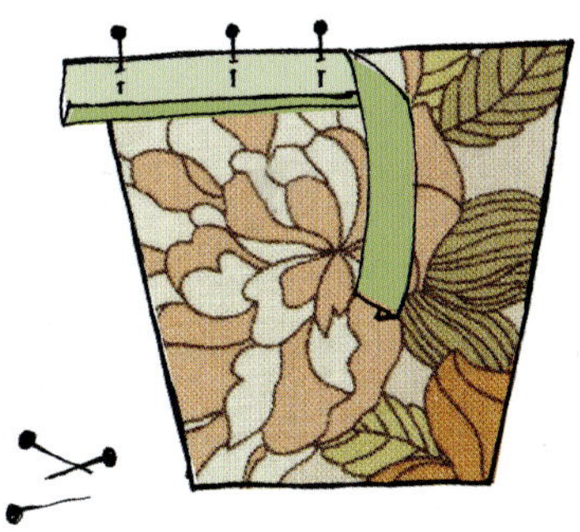

❹ PRÉPARER LES CÔTÉS DU SAC

Les 2 côtés du sac se font de la même manière. Tracez un carré de 5 cm à chaque coin inférieur des 2 panneaux latéraux et découpez.

❺ TRACER LES REPÈRES

Tirez un trait de crayon dans la largeur du panneau, à 9 cm du bord inférieur. Mesurez le centre de cette ligne et marquez 2 points à 8 cm et à 9 cm du centre, de chaque côté. Tracez 2 lignes verticales de 25 cm à partir de ces points et marquez un point à 5 cm de leur bord supérieur : cela correspondra au bord supérieur des poches. Tracez 2 autres lignes verticales à 1 cm des bords latéraux.

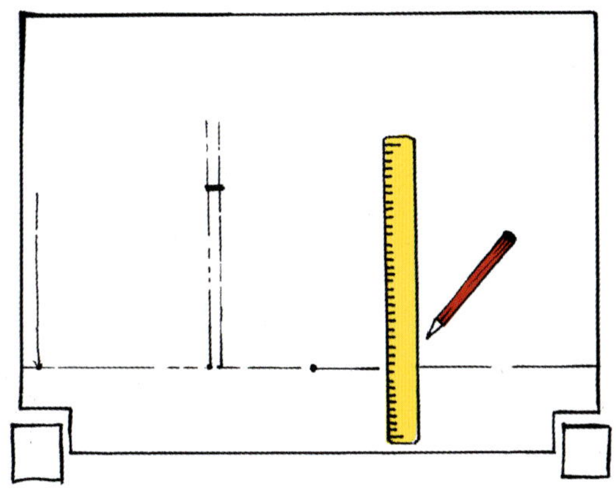

❻ COUDRE LES POCHES

N'oubliez pas d'équiper votre machine d'une aiguille solide lorsque vous cousez de la toile. Faites coïncider le bord inférieur de la première poche avec la partie centrale tracée au crayon, puis épinglez et bâtissez. Piquez avec un point zigzag large, en renforçant les 2 extrémités par quelques points arrière. Cousez les bords latéraux le long des lignes verticales de la même manière. Ajoutez une autre poche de chaque côté, en suivant les autres repères au crayon. Répétez sur le deuxième panneau.

❼ AJOUTER LES ANSES

Coupez 2 morceaux de 1 m de long dans la sangle. Épinglez les extrémités d'une sangle sur un panneau, entre le haut des lignes verticales et le bord inférieur. Bâtissez puis piquez au point de feston ou de zigzag. Répétez sur l'autre panneau.

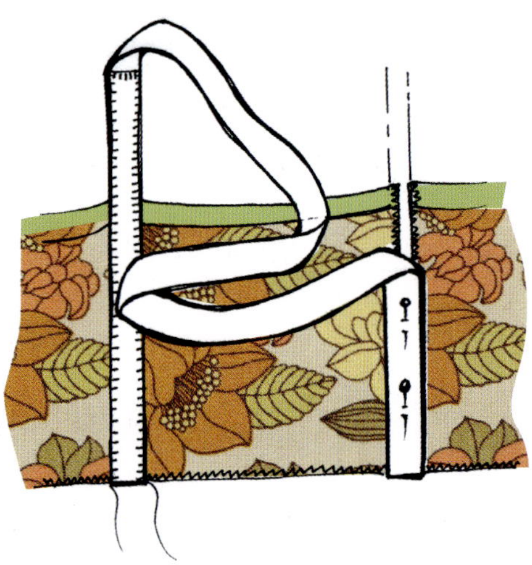

❽ DISSIMULER LES BORDS DE COUPE

Coupez 2 morceaux de 55 cm de long dans la sangle. Épinglez et bâtissez une sangle sur un panneau, à 8 cm du bord inférieur. Répétez sur l'autre panneau. Vérifiez que les extrémités coïncident de chaque côté, puis piquez comme précédemment.

❾ ASSEMBLER LES PANNEAUX

Placez les 2 panneaux endroit contre endroit. Épinglez et bâtissez les bords latéraux et inférieur en faisant soigneusement coïncider les points d'intersection des poches et des sangles. Piquez à 2 cm du bord.

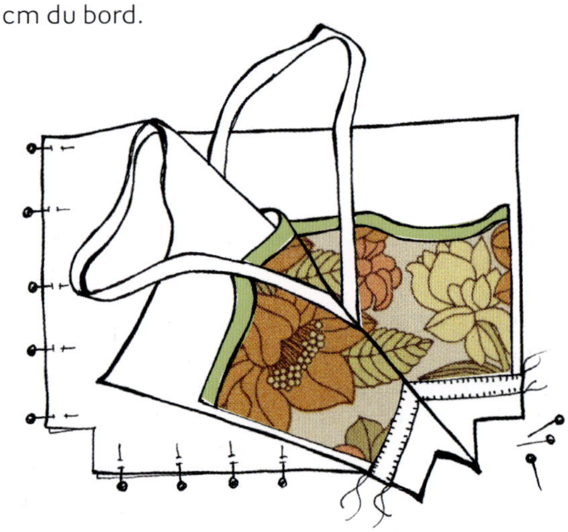

⑩ COUDRE LES ANGLES

Ouvrez les coutures sur l'envers avec la pointe du fer afin de ne pas écraser les poches. Repliez les angles ouverts en biais de sorte que les coutures latérale et inférieure se rejoignent au milieu. Épinglez et bâtissez, puis piquez à 1,5 cm du bord.

⑪ RENFORCER L'OUVERTURE ET LA BASE

Rentrez 1,5 cm au fer de part et d'autre de l'ouverture et piquez avec 3 tours de point zigzag. Rentrez encore 2 cm au fer. Placez le rectangle de plastique à l'intérieur du sac pour vérifier qu'il coïncide parfaitement avec la base. Recoupez-le si nécessaire, puis fixez-le avec le ruban de renfort double face.

⑫ RÉALISER LA POCHE INTÉRIEURE

Cousez un ourlet double de 8 mm le long du bord supérieur d'une des pièces de la poche intérieure. Endroit contre endroit, épinglez et bâtissez les 2 pièces, en faisant coïncider les bords inférieur et latéraux. Piquez à 1 cm du bord, puis réduisez la marge de couture à 6 mm et surfilez au point zigzag ou de surjet. Retournez la poche sur l'endroit et repassez.

⑬ AJOUTER LA DOUBLURE

Assemblez les 2 pièces de doublure comme pour le sac principal, en cousant d'abord les bords latéraux et inférieur, puis les angles. Ouvrez les coutures au fer mais ne retournez pas la doublure sur l'endroit. Insérez la doublure dans le sac, en faisant coïncider les coutures latérales, puis épinglez le bord supérieur tout autour de l'ouverture, juste sous l'ourlet. Épinglez la poche intérieure au centre d'un panneau du sac, à 1 cm du haut de la doublure, et bâtissez les 3 épaisseurs.

⑭ Rentrez à nouveau et bâtissez l'ourlet supérieur du sac afin d'enfermer les bords de coupe de la doublure et piquez à 3 mm du bord plié. Terminez en piquant un tour supplémentaire à 3 mm du bord supérieur.

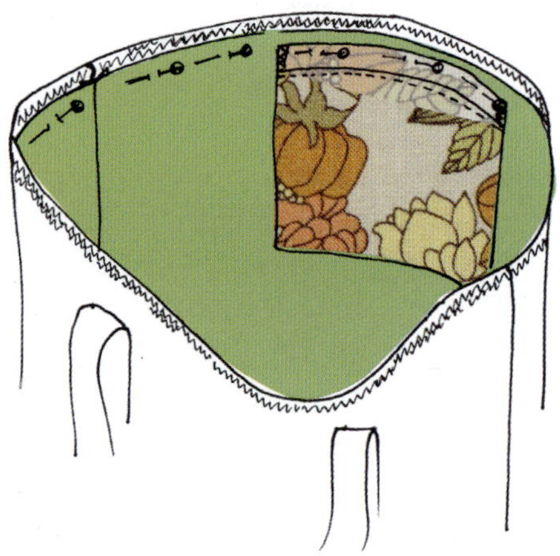

PANIER POUR CHIEN

Il existe dans le commerce toutes sortes de paniers pour nos compagnons à quatre pattes, mais la plupart ne sont pas très esthétiques. Résolvez ce dilemme en réalisant vous-même votre panier dans un velours Liberty à la fois robuste et élégant.

IL VOUS FAUT

- 140 x 140 cm de tissu Liberty Kingly Cord dans l'imprimé de votre choix (ici, Jack and Charlie coloris A)
- 85 x 80 cm de tissu d'ameublement uni
- 750 g de rembourrage polyester standard
- Du papier quadrillé de couturière
- Du fil à coudre coordonné
- 1 machine à coudre
- 1 nécessaire à couture

LE GABARIT

Reproduisez le gabarit de la page 156 à 200 %, et découpez la pièce du panneau latéral.

JACK AND CHARLIE *est un imprimé à petites poires colorées qui s'inspire d'un motif d'ameublement créé pour Liberty au début des années 1990 par l'atelier Jack Prince.*

LA COUPE

dans le tissu Liberty

Assurez-vous que les bords supérieurs du panneau devant, du dos intérieur et des côtés soient tous coupés au même endroit du motif.

panneau devant	2 rectangles de 75 x 25 cm
dos intérieur	1 rectangle de 75 x 25 cm
côtés	4 rectangles de 50 x 25 cm
base intérieure	1 rectangle de 75 x 50 cm

dans le tissu uni

dos extérieur	1 rectangle de 75 x 25 cm
base extérieure	1 rectangle de 75 x 50 cm

Préparez les bases intérieure et extérieure en marquant un carré de 15 mm de côté à chaque coin.

NOTE

La marge de couture de couture est de 1,5 cm.

❶ COUPER LES PANNEAUX DEVANT

Dessinez le gabarit à taille réelle sur du papier quadrillé de couturière. Pliez un panneau devant en deux dans la largeur et épinglez le gabarit sur les 2 épaisseurs, côté gauche sur la pliure. Coupez le long du bord incurvé. Découpez l'autre panneau de la même manière.

❷ ASSEMBLER LES PIÈCES LATÉRALES

Endroit contre endroit, épinglez les extrémités des 2 pièces latérales au dos extérieur uni. Épinglez un panneau devant aux 2 autres extrémités. Piquez du coin supérieur vers le bas, en vous arrêtant à 1,5 cm du bout et en renforçant les 2 extrémités de chaque couture par quelques points arrière. Ouvrez les coutures au fer. Assemblez les 2 autres pièces latérales au dos intérieur en Liberty et à l'autre panneau devant de la même manière.

❸ AJOUTER LA BASE

Endroit contre endroit, épinglez et bâtissez le bord inférieur du haut extérieur aux devant, dos et côtés de la base extérieure unie. Les surplus rabattus doivent coïncider avec les bords des carrés tracés aux coins.

❹ Dessus vers vous, piquez à 1,5 cm du bord, en tournant le tissu à 90° à chaque angle. Renforcez la piqûre à chaque angle. Ouvrez la couture au fer.

❺ Réalisez la partie extérieure de la même manière, mais en laissant une ouverture de 40 cm au centre de la couture dos. Rabattez la marge de couture au fer de chaque côté de cette ouverture.

❻ ASSEMBLER L'INTÉRIEUR ET L'EXTÉRIEUR

Endroit contre endroit, épinglez les 2 paniers ensemble, en faisant coïncider les coutures d'angle. Bâtissez et piquez tout autour du bord supérieur. Crantez la marge de couture le long des courbes (voir instructions p. 13), puis retournez le tout sur l'endroit par l'ouverture prévue au dos.

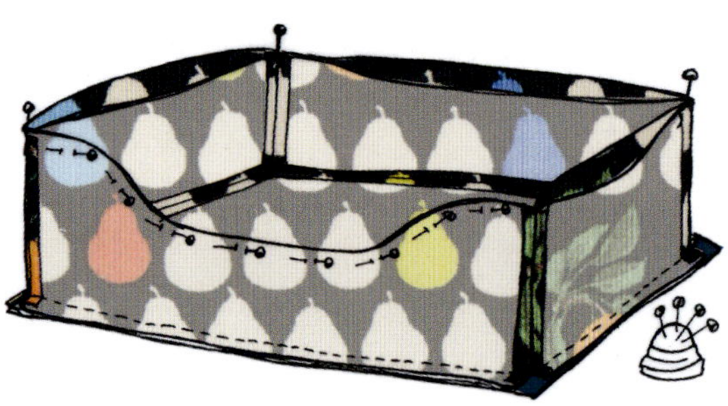

❼ REMBOURRER LE PANIER

Avec une double aiguillée de fil à coudre et des petits points devant, cousez les 2 épaisseurs le long des 4 coutures d'angle.

❽ Garnissez l'intérieur de la partie devant en répartissant bien le rembourrage. Refermez cette partie en épinglant l'intérieur et l'extérieur ensemble le long de la ligne de couture. Cousez à la main comme pour les côtés. Rembourrez les parties latérales et le dos de la même manière, puis rembourrez la base. Refermez solidement l'ouverture à la main pour terminer le panier.

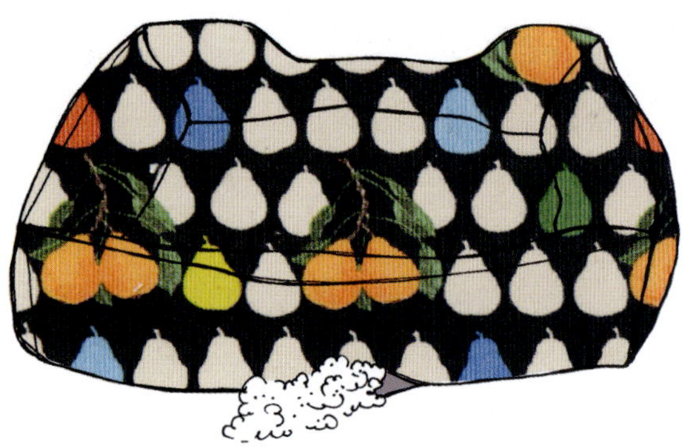

HOUSSE DE MACHINE À COUDRE ET SAC À BRICOLES

Ravivez votre coin couture en réalisant cette jolie housse en appliqué. Le petit sac assorti permettra de ranger la pédale et les autres accessoires.

IL VOUS FAUT

pour la housse

- 120 x 115 cm de toile de coton écrue
- 135 x 30 cm de tissu Liberty Tana Lawn dans l'imprimé principal de votre choix (ici, Manuela coloris E)
- 135 x 10 cm de tissu Liberty Tana Lawn dans l'imprimé coordonné de votre choix (ici Marco coloris A)
- 30 x 20 cm de toile thermocollante double face
- Des fils à coudre coordonné et contrasté
- 1 crayon bien taillé
- 1 feutre effaçable à l'air ou 1 craie de tailleur (format crayon)
- 1 machine à coudre
- 1 nécessaire à couture

pour le sac à cordon

- 35 x 65 cm de tissu Liberty Tana Lawn dans l'imprimé principal de votre choix (ici, Manuela coloris E)
- 40 x 65 cm de tissu Liberty Tana Lawn dans l'imprimé coordonné de votre choix (ici, Marco coloris A)
- 2 m de ruban de 12 mm de large
- 4 perles en bois de 2 cm de diamètre
- 1 grosse épingle de sûreté

NOTE CONCERNANT LES DIMENSIONS

Le patron est conçu pour la plupart des machines à coudre standard. Reproduisez le gabarit du panneau latéral page 155 à 200 % et vérifiez ses dimensions sur votre machine, en ajustant la hauteur et la largeur si nécessaire. Il vous faudra peut-être ajuster la longueur du panneau principal en conséquence.

LES GABARITS DE LA HOUSSE

Reproduisez les gabarits de la page 155 à 200 % sauf celui de l'extrémité du lien, que vous devez reproduire à taille réelle. Découpez les pièces du panneau latéral, de la poche, du motif de machine à coudre et de l'extrémité du lien.

LA COUPE

POUR LA HOUSSE

dans la toile écrue

1 rectangle de 45 x 70 cm pour la housse principale
1 rectangle de 45 x 68 cm pour la doublure
2 panneaux latéraux
2 poches

dans le tissu Liberty principal

2 panneaux latéraux

dans le tissu Liberty coordonné

2 bandes de 45 x 3 cm pour la bordure de la doublure
2 bandes de 25 x 8 cm pour la bordure des poches

POUR LE SAC À CORDON

dans le tissu Liberty principal

2 rectangles de 30 x 32 cm
4 extrémités pour le lien, coupés sur la pliure du tissu

Réaliser la housse

❶ DÉCOUPER LES APPLIQUÉS

Avec un crayon bien taillé, décalquez la machine à coudre, la poignée et la bobine en miroir sur le côté papier de la toile thermocollante et découpez grossièrement le contour des 3 pièces. En suivant les instructions du fabricant, repassez la machine à coudre sur le dos de l'imprimé principal, et la poignée et la bobine sur l'imprimé coordonné.

❷ Découpez soigneusement les contours et détachez les papiers protecteurs. Placez la pièce de la machine à coudre sur la housse de toile, à 7 cm du bord inférieur. Repassez-la pour la fixer, puis ajoutez la poignée et la bobine.

❸ SURFILER LES APPLICATIONS

Avec un feutre effaçable ou une craie de tailleur, dessinez le fil ondulé qui s'échappe de la bobine. Surfilez les bords de l'appliqué au point de bourdon ou de feston étroit, avec un fil coordonné. Substituez le fil coordonné par un fil contrasté, et surfilez les bords de la poignée et de la bobine, puis suivez le tracé du fil dessiné.

❹ GANSER LA DOUBLURE

Endroit contre endroit, épinglez une bordure sur chaque bord court de la doublure en toile. Bâtissez, puis piquez à 1 cm du bord. Rabattez la marge de couture au fer côté Liberty.

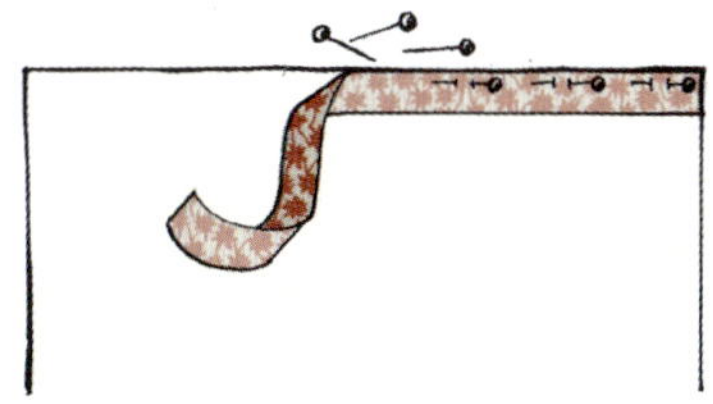

❺ GANSER LES POCHES

Pliez la bordure de poche en deux dans la longueur envers contre envers. Épinglez la bande pliée sur l'envers de la poche, en la centrant bien le long du bord supérieur et en faisant coïncider les bords de coupe. Piquez à 1 cm du bord, puis retournez la bordure sur l'endroit et repassez. Coupez les extrémités dans l'alignement des côtés de la poche.

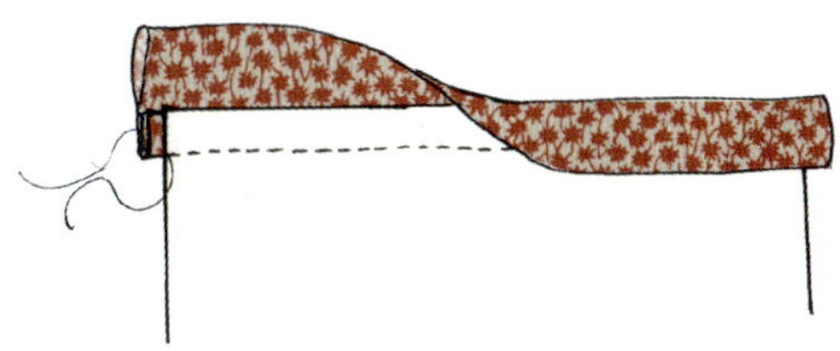

❻ ASSEMBLER LES POCHES AUX PANNEAUX

Pliez le panneau latéral en deux dans la longueur et marquez le centre haut. Épinglez et bâtissez la poche gansée sur le panneau, en faisant coïncider les côtés et le bord inférieur.

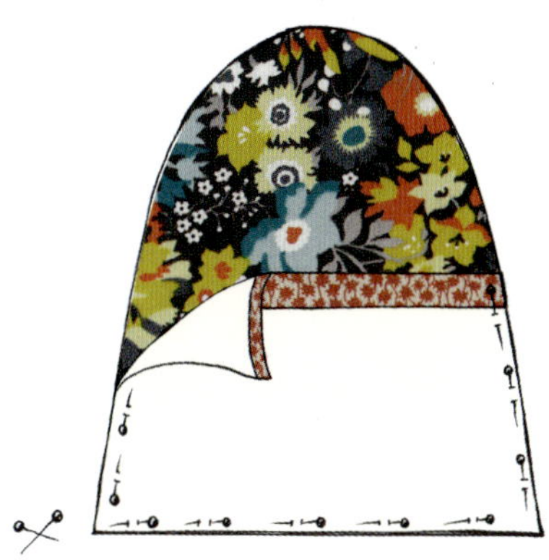

❼ RÉALISER LA HOUSSE

Pliez la housse en deux dans la largeur et marquez le centre de chaque côté. Endroit contre endroit, épinglez à l'un des panneaux latéraux en faisant coïncider les marques centrales et les coins. Bâtissez les 2 épaisseurs près du bord et piquez à 6 mm du bord. Ajoutez le deuxième panneau latéral de la même manière. Retournez sur l'endroit et repassez légèrement.

❽ ASSEMBLER LA DOUBLURE

Réalisez la doublure en toile de la même manière, mais en laissant une ouverture de 15 cm sur le bord d'un panneau latéral. Rabattez la marge de couture au fer des 2 côtés de l'ouverture.

❾ ASSEMBLER LA DOUBLURE ET LA HOUSSE

Endroit contre endroit, insérez la doublure dans la housse. En faisant coïncider les 4 coutures, épinglez les 2 bords inférieurs. Bâtissez et piquez à 1 cm du bord. Retournez sur l'endroit par l'ouverture, puis refermez celle-ci au point glissé. Enfoncez à nouveau la doublure dans la housse. Repassez le bord inférieur de sorte que 1 cm de doublure dépasse de la ligne de couture. Piquez le long de la couture pour fixer l'ourlet.

Réaliser le sac à bricoles

❶ RÉALISER L'EXTÉRIEUR DU SAC

Placez les 2 rectangles endroit contre endroit. Épinglez et bâtissez les côtés et le bord inférieur, puis piquez à 1 cm du bord. Coupez un petit triangle à chaque coin inférieur et repassez la marge de couture vers l'intérieur. Retournez le sac sur l'endroit.

❷ PRÉPARER LA COULISSE

Envers vers vous, rentrez 2 cm au fer le long du bord supérieur de chaque pièce de doublure, puis rabattez et repassez un deuxième rentré, cette fois-ci de 3 cm de large. Dépliez les 2 rentrés.

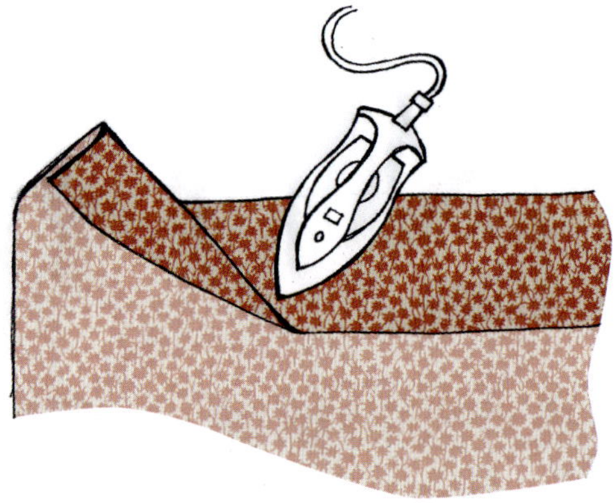

❸ RÉALISER LA DOUBLURE

Endroit contre endroit, épinglez et bâtissez les 2 pièces puis piquez les bords inférieur et latéraux à 1 cm du bord. Laissez une ouverture de 2 cm dans chaque couture latérale, entre les 2 pliures. Ces ouvertures serviront à faire passer le ruban.

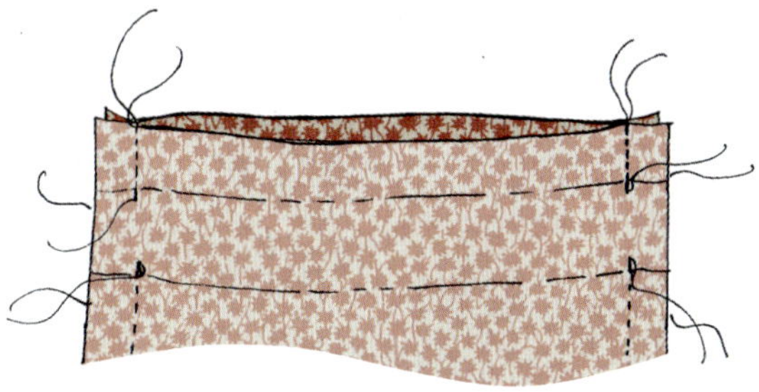

❹ Coupez un petit triangle dans chaque coin inférieur, puis repassez la marge de couture vers l'intérieur comme pour la housse principale. Cousez la marge de couture à la main de chaque côté de l'ouverture. Repliez et repassez à nouveau les rentrés.

❺ ASSEMBLER LA HOUSSE ET LA DOUBLURE

Insérez la doublure, envers à l'extérieur, dans la housse à l'endroit, et enfoncez bien les coins inférieurs. Rabattez le rentré par-dessus le bord supérieur de la housse, en faisant coïncider les coutures latérales. Épinglez et bâtissez. Avec le fil coordonné, piquez 2 fois autour du rentré, à 5 mm du bord supérieur et à 5 mm du bord inférieur.

❻ PASSER LES RUBANS

Coupez le ruban en deux. Fixez une épingle de sûreté au bout du premier ruban et insérez-le dans une des ouvertures. Faites-le passer tout autour puis ressortir au même endroit. Enfilez le deuxième ruban par l'autre ouverture de la même manière.

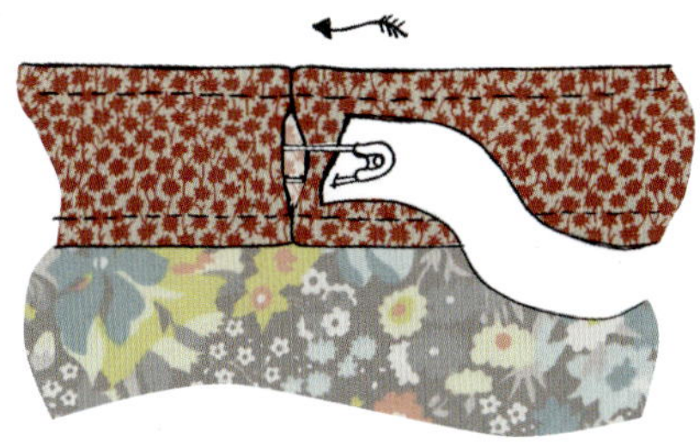

❼ AJOUTER LES PERLES

Coupez l'extrémité des rubans en pointe et enfilez une perle dans chaque. Poussez la perle jusqu'au centre du ruban et coupez les pointes.

❽ RÉALISER LES EXTRÉMITÉS DU LIEN

Repassez les extrémités du lien en deux dans la longueur, endroit contre endroit. Dépliez et rentrez les 2 bords supérieurs au fer le long de la pliure. Bâtissez les côtés et piquez à 6 mm du bord. Réduisez les coins et retournez sur l'endroit, en vous aidant d'un crayon pour ajuster les angles.

❾ Glissez le bout des rubans dans chaque extrémité du lien. Bâtissez puis piquez près du bord supérieur. Faites glisser les perles le long du ruban, jusqu'à ce que les trapèzes froncent légèrement.

TABOURET DE TAPISSIER

La surface plane et lisse d'un petit tabouret est le support idéal pour mettre un bel imprimé en valeur. Il suffit de récupérer un vieux tabouret, de le repeindre et de le recouvrir.

IL VOUS FAUT

- Du tissu Liberty Linen Union dans l'imprimé de votre choix (ici, Sydenham Hall coloris A). Voir ci-contre comment calculer le métrage nécessaire.
- Du molleton polyester de 4 cm plus petit que le tissu en largeur et en longueur
- 1 bloc de mousse d'ameublement coupée à vos dimensions, si nécessaire
- Du fil à coudre coordonné
- Du ruban adhésif de renfort double face
- 1 feutre effaçable à l'air ou 1 craie de tailleur (format crayon)
- 1 longue règle
- 1 machine à coudre
- 1 nécessaire à couture
- Des clous de tapissier
- 1 petit marteau
- Du papier de verre moyen
- Du white-spirit
- De l'apprêt et de la peinture aérosol
  ou
- 1 pinceau, de l'apprêt et de la peinture pour bois
- Du vernis transparent

LES MESURES

Mesurez la largeur (A), la profondeur (B) et la hauteur du bloc de mousse (C), ainsi que la hauteur de la base du tabouret (D). Servez-vous de ces dimensions pour calculer le métrage de molleton et de tissu.

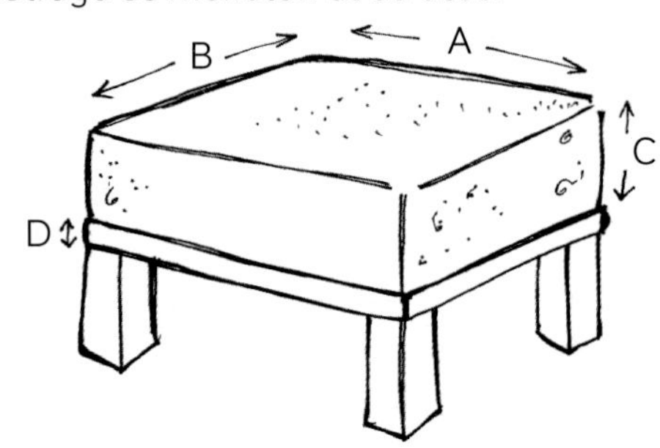

LA COUPE

dans le molleton

1 rectangle — largeur = A + 2C
profondeur = B + 2C
Retirez un carré de 2 cm de moins que C à chaque angle.

dans le Liberty

1 rectangle — largeur = A + 2C + 2D + 4 cm
profondeur = B + 2C + 2D + 4 cm

❶ RÉNOVER LA BASE DU TABOURET

Retirez les clous et le tissu existants. Si la mousse d'origine est en bon état, conservez-la et remettez le tissu en place pour la protéger d'éventuelles taches de peinture. Poncez le cadre et les pieds au papier de verre.

❷ Nettoyez au white-spirit et appliquez une couche d'apprêt. Terminez par 2 couches de peinture pour bois ou 4 fines couches de peinture aérosol, en prenant soin de recouvrir les moindres recoins. Pour une finition plus durable, passez une couche de vernis transparent. Laissez sécher. Si vous utilisez un nouveau bloc de mousse, fixez-le sur le tabouret à l'aide de ruban de renfort double face.

❸ Posez le molleton sur la mousse et coupez les bords inférieurs au niveau du haut du tabouret. Cette épaisseur supplémentaire donne un aspect plus douillet au tabouret.

❹ TRACER LES REPÈRES SUR LE TISSU

Étendez le tissu envers sur le dessus et marquez les repères à l'aide d'un feutre effaçable ou d'une craie de tailleur et d'une longue règle. Tout d'abord, tracez une ligne à 2 cm de chacun des quatre bords, puis 4 lignes parallèles à celles-ci, correspondant à la hauteur de la mousse + celle de la base du tabouret.

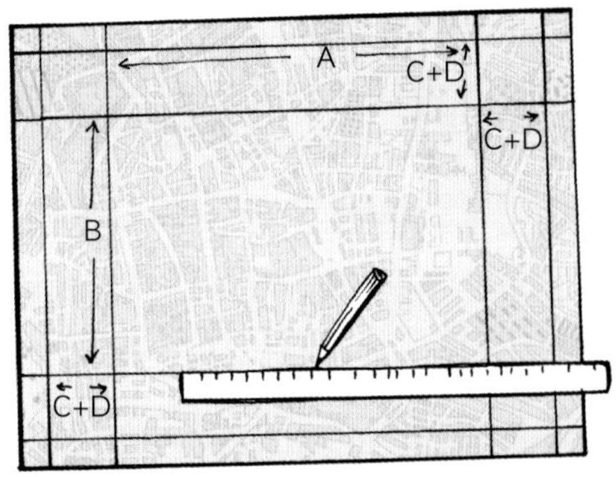

❺ JOINDRE LES ANGLES

Rentrez au fer puis dépliez les 2 cm marqués tout autour du bord extérieur. Endroit contre endroit, pliez le tissu de sorte que le bord droit coïncide avec le bord inférieur. Épinglez le devant et le dos dans l'angle, en faisant coïncider les repères. Joignez les autres angles de la même manière, puis placez la housse sur le tabouret.

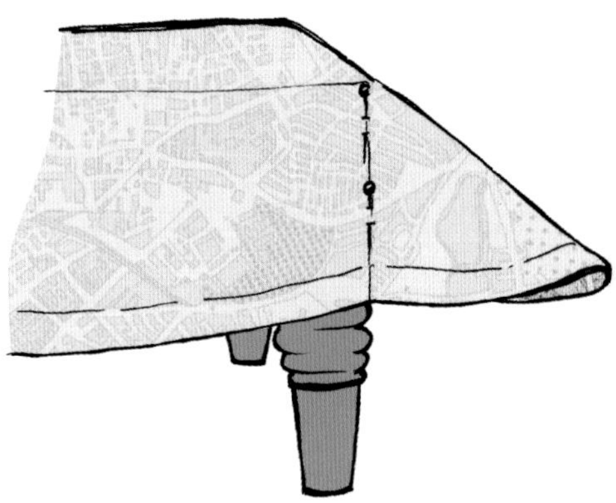

❻ COUDRE LA HOUSSE

Déplacez les épingles si nécessaire pour que la housse soit parfaitement ajustée, puis bâtissez le long des épingles. Piquez de l'extérieur vers l'intérieur jusqu'à 6 mm du point d'intersection des lignes repères. Ajustez l'angle afin que les derniers points partent légèrement vers la gauche, puis piquez jusqu'au bout. Cela donnera un bel aspect arrondi aux angles du tabouret.

❼ REPASSER LES COUTURES ET FAIRE L'OURLET

Coupez l'excédent de tissu à chaque angle en laissant 1 cm de surplus et en le réduisant progressivement jusqu'à 4 mm en haut. Ouvrez les 4 coutures au fer. Retournez sur l'endroit et repassez à nouveau le bord inférieur, puis bâtissez-le. Vous pouvez éventuellement bâtir un galon de couleur par-dessus l'ourlet pour servir de base aux clous.

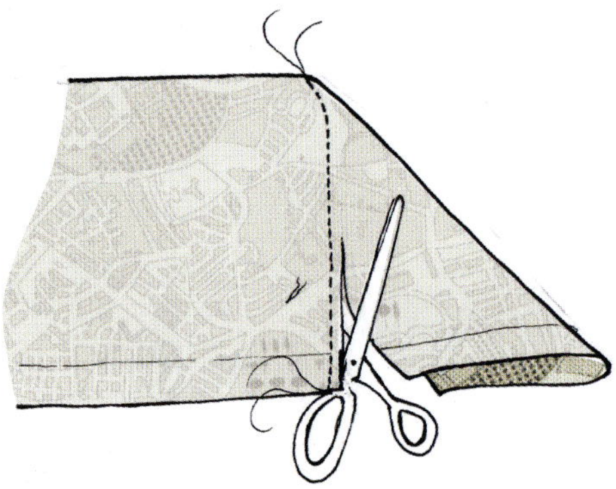

❽ MARQUER L'EMPLACEMENT DES CLOUS

Effectuez des marques régulièrement espacées tout autour du haut du tabouret. Commencez par marquer le centre de chaque côté, puis faites une marque à 1 cm de chaque coin. Divisez le reste de la longueur en intervalles de 3 à 4 cm.

❾ FIXER LA HOUSSE

En commençant au point central, tirez doucement le tissu vers le bas jusqu'à ce que le bord coïncide avec le bas de la base du tabouret. Plantez un clou de tapissier dans l'ourlet de sorte que le bord du clou touche le bord du tissu. Enfoncez-le au marteau, perpendiculairement au tabouret. Répétez sur le côté opposé, puis sur les deux autres côtés. Plantez les clous à chaque angle, puis ajoutez le reste, en travaillant du centre vers l'extérieur. Procédez en effectuant la même étape sur chaque côté (et non pas en terminant un côté avant de passer à l'autre) afin que le tissu soit tendu de manière régulière.

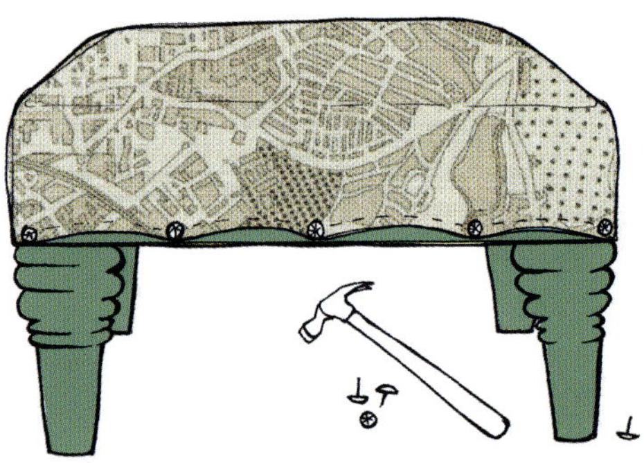

JETÉ DE CANAPÉ RAYÉ

La beauté de ce jeté de canapé réside dans la juxtaposition spontanée et aléatoire des tissus Liberty, qui ont bien souvent la particularité de bien se marier.

IL VOUS FAUT

- 1 m de tissu Liberty Tana Lawn dans l'imprimé classique de votre choix (ici, Wiltshire coloris R)
- 50 cm de tissu Liberty Tana Lawn dans cinq imprimés coordonnés de votre choix (ici, Felix and Isabelle coloris B, Kayoko coloris D, Mabelle coloris C, Marc Gosling coloris C et Small Susanna coloris D)
- 155 x 155 cm de côté de molleton en coton pour matelassage
- Du fil à coudre coordonné
- Du fil à matelasser
- 1 machine à coudre
- 1 nécessaire à couture
- 1 dé à coudre
- Des épingles courbes à matelasser

DIMENSIONS FINALES

1 carré d'environ 150 cm de côté

LA COUPE

dans le tissu Liberty principal

(assemblez 2 pièces pour obtenir la longueur requise des bordures latérales et des ganses)

bordure supérieure	1 bande de 10 cm de large (lé entier)
bordure inférieure	1 bande de 10 cm de large (lé entier)
bordures latérales	2 bandes de 10 x 155 cm
ganses	4 bandes de 160 x 6 cm

1 RÉALISER LE PANNEAU CENTRAL

Le panneau central se compose de rayures agencées de manière aléatoire, chacune faite dans une bande de Liberty de 5 à 8 cm de large. La façon la plus rapide de préparer ces bandes est de pratiquer une petite entaille dans la lisière, de déchirer le lé sur toute la longueur, puis de bien repasser pour aplatir les bords. Épinglez 2 bandes ensemble endroit contre endroit et piquez à 1 cm du bord.

❷ Rabattez la marge de couture au fer sur un côté. Continuez à ajouter des bandes, jusqu'à ce que le panneau fasse 130 cm de hauteur. Alignez toutes les bandes sur le côté gauche et rabattez tous les surplus dans le même sens. Coupez le bord droit afin qu'il soit parfaitement rectiligne. Marquez un point à 130 cm sur les bords inférieur et supérieur, et tracez un trait entre les deux. Découpez le long de ce trait pour obtenir un carré.

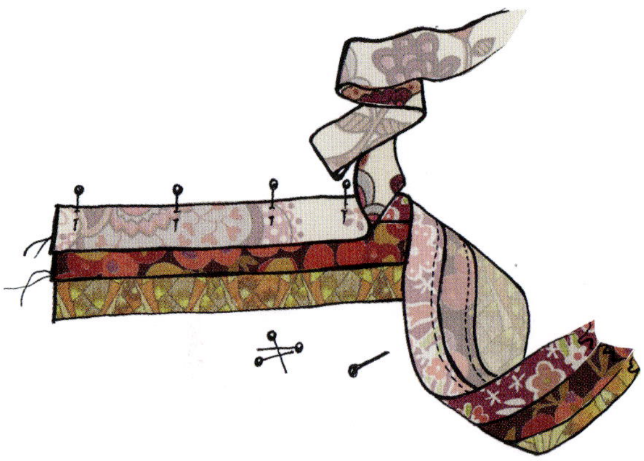

❸ AJOUTER LES BORDURES

Cousez les bordures supérieure et inférieure au panneau central en comptant 1 cm de surplus et repassez les marges de couture vers l'extérieur. Ajoutez les bordures latérales, en repassant à nouveau les marges de couture vers l'extérieur. Égalisez les extrémités si nécessaire.

❹ RÉALISER LA DOUBLURE

La doublure se réalise de la même manière, avec des bandes de tissu de 10 à 20 cm de large, assemblées pour former un rectangle de 160 cm de long. Ouvrez les coutures au fer. Assemblez 2 longueurs de 20 cm de large pour former une bande supplémentaire à coudre sur un des côtés.

❺ ASSEMBLER LES ÉPAISSEURS

Étendez la doublure, envers vers vous, et placez le molleton par-dessus. Centrez à présent le dessus sur le molleton, endroit vers vous. Lissez bien les 3 épaisseurs et, en travaillant d'un côté à l'autre, épinglez-les à 10 cm d'intervalle.

❻ MATELASSER LES COUTURES

L'aspect molletonné du jeté procède du matelassage réalisé « dans le creux », c'est-à-dire directement sur les lignes de piqûre entre les bandes. Avec du fil à matelasser, effectuez une ligne de points devant de 5 mm le long de chaque couture, en utilisant de préférence un dé à coudre pour vous protéger les doigts.

7 Une fois le matelassage terminé, bâtissez tout le bord extérieur pour maintenir les 3 épaisseurs ensemble. Coupez l'excédent de molleton et de doublure.

8 GANSER LES BORDS SUPÉRIEUR ET INFÉRIEUR

Rentrez 1 cm au fer le long d'un bord long de chaque ganse. Endroit contre endroit, épinglez la première ganse en la centrant sur le bord supérieur du jeté, en faisant coïncider les bords de coupe et en laissant la ganse dépasser de chaque côté.

9 Piquez à 1 cm du bord, puis rabattez la ganse sur l'envers pour enfermer les bords de coupe. Épinglez le bord plié, coupez les extrémités dans le prolongement des côtés du jeté et cousez la ganse au point glissé. Gansez le bord inférieur de la même manière.

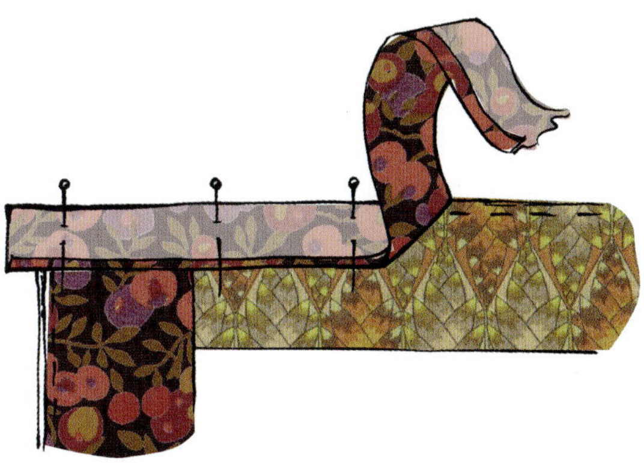

10 GANSER LES BORDS LATÉRAUX

Rentrez 1 cm au fer au bout des 2 ganses restantes. Faites coïncider le bord plié avec le bord terminé du jeté et épinglez comme pour les bordures inférieure et supérieure. Égalisez l'autre bout de sorte qu'il dépasse de 1 cm du jeté, et rabattez cet excédent.

11 Piquez la bande puis rabattez le bord plié sur l'envers. Cousez au point glissé.

GUIRLANDE FLORALE

Pages 88-91
Reproduisez les gabarits à 200 %.

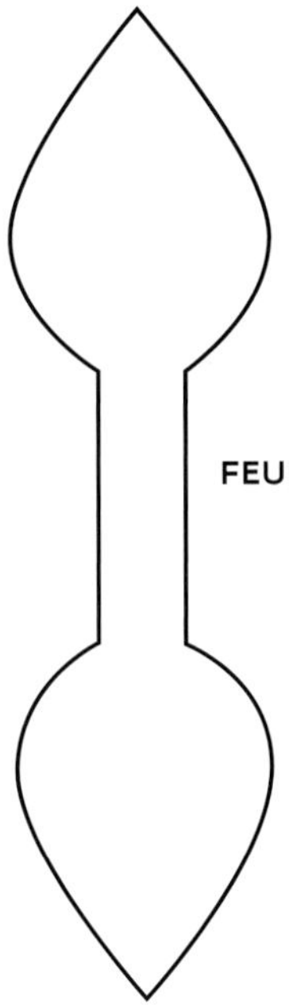

FEUILLE

FLEUR EXTÉRIEURE

FLEUR INTÉRIEURE

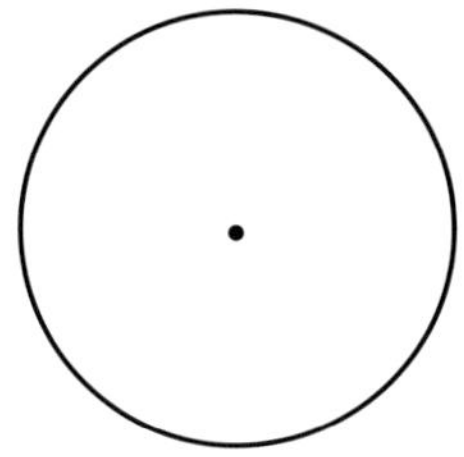

CERCLE CENTRAL

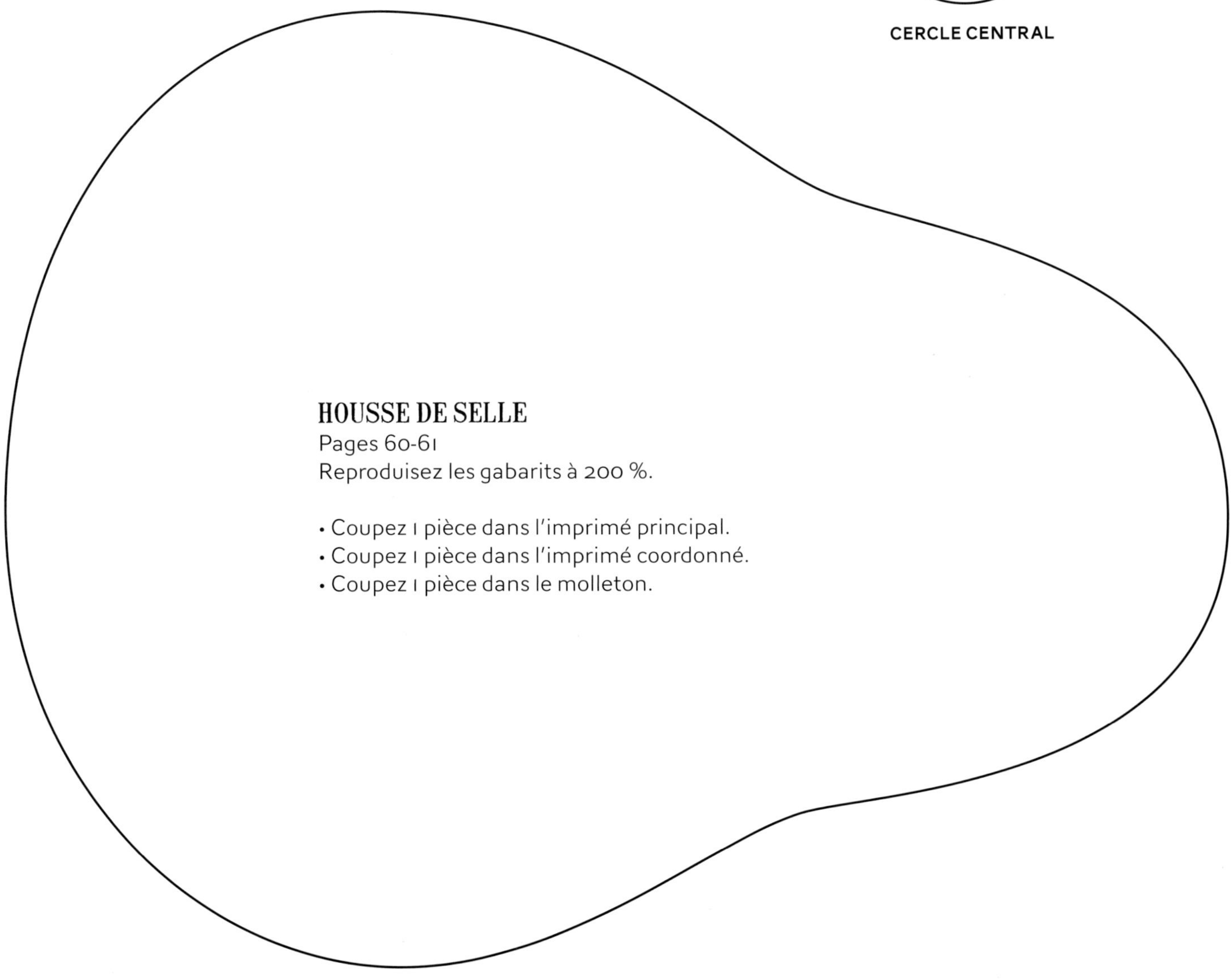

HOUSSE DE SELLE

Pages 60-61
Reproduisez les gabarits à 200 %.

- Coupez 1 pièce dans l'imprimé principal.
- Coupez 1 pièce dans l'imprimé coordonné.
- Coupez 1 pièce dans le molleton.

COUVRE-CAFETIÈRE

Pages 62-65
Reproduisez les gabarits à 200 %.

LANGUETTE
• Coupez 1 pièce
dans le papier quadrillé.

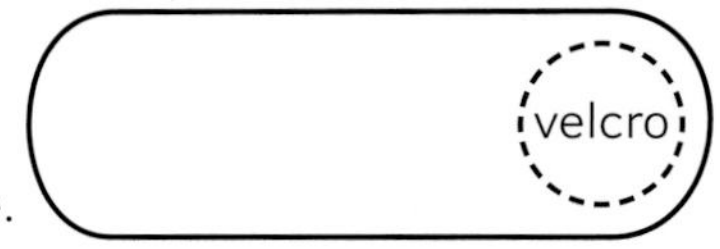

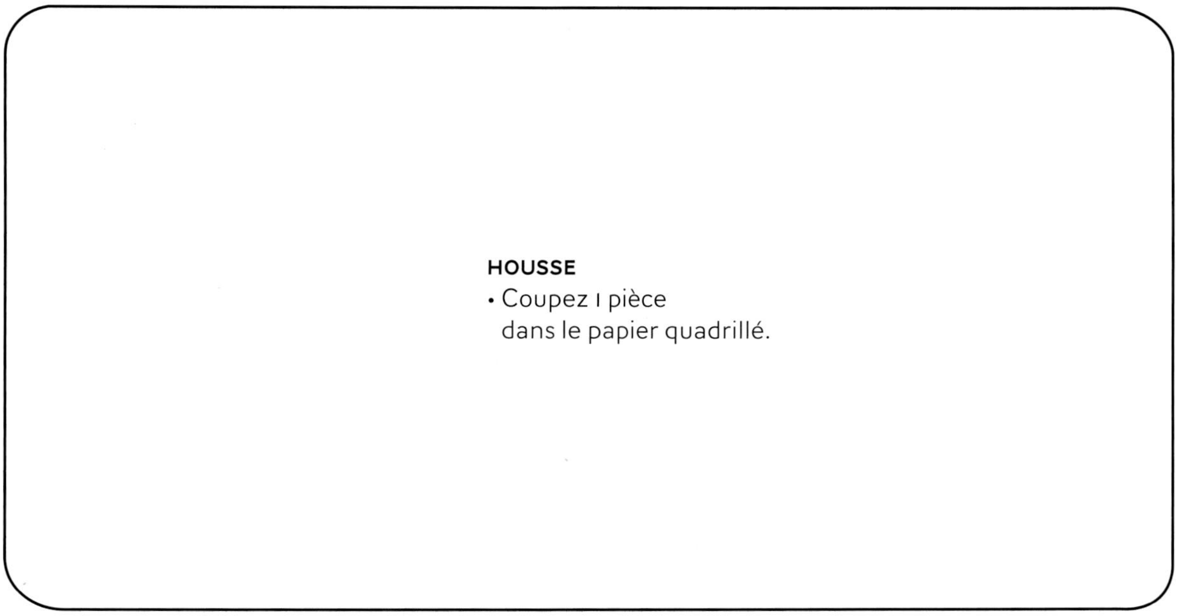

HOUSSE
• Coupez 1 pièce
dans le papier quadrillé.

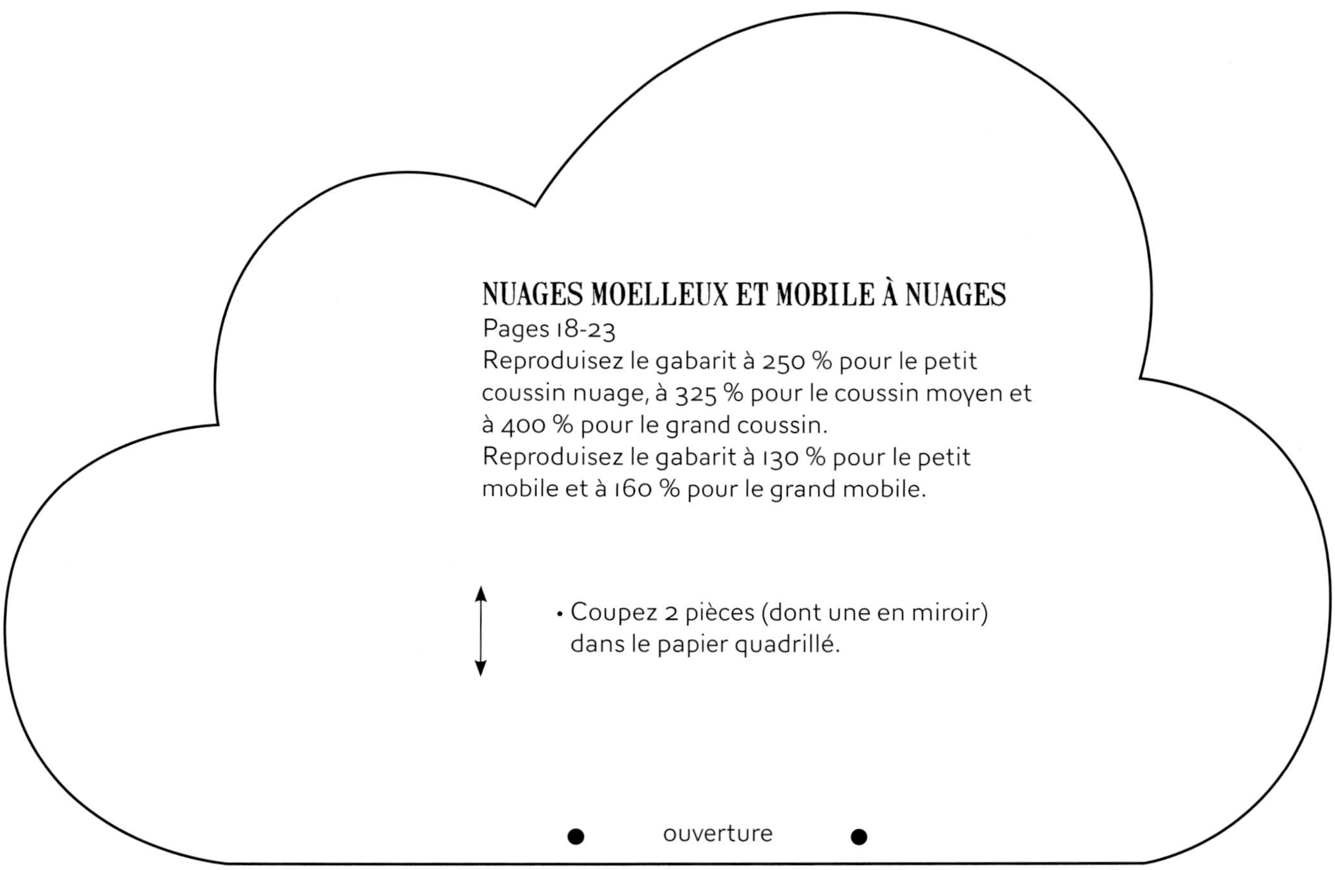

NUAGES MOELLEUX ET MOBILE À NUAGES

Pages 18-23
Reproduisez le gabarit à 250 % pour le petit coussin nuage, à 325 % pour le coussin moyen et à 400 % pour le grand coussin.
Reproduisez le gabarit à 130 % pour le petit mobile et à 160 % pour le grand mobile.

• Coupez 2 pièces (dont une en miroir)
dans le papier quadrillé.

POUPÉE « LIBBY »

Pages 80-87

Reproduisez les gabarits à 200 %.

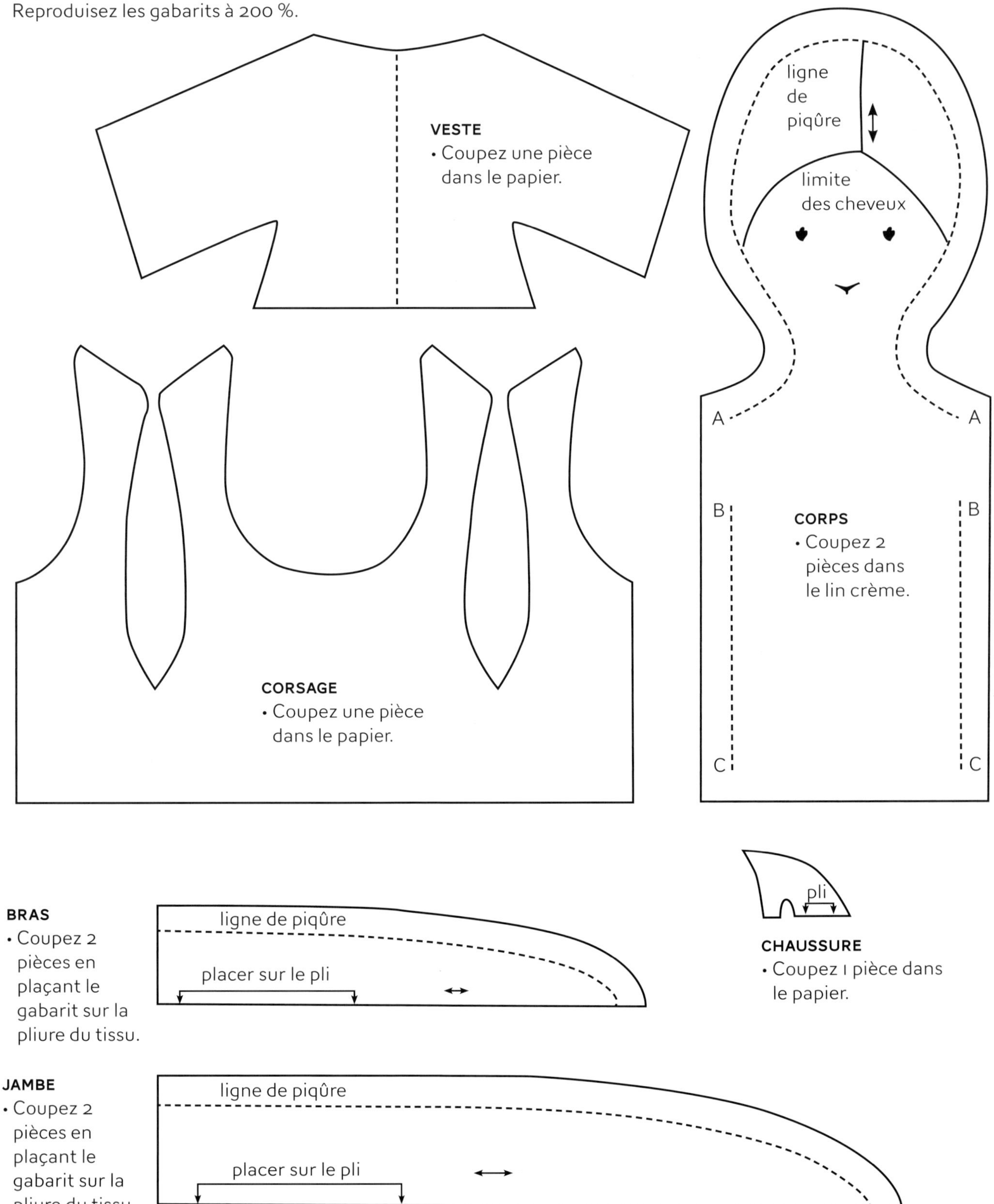

COUSSINS À MOTIFS

Pages 96-101

Reproduisez les gabarits à 400 %.

APPLIQUÉ FEUILLES POUR LE PETIT COUSSIN

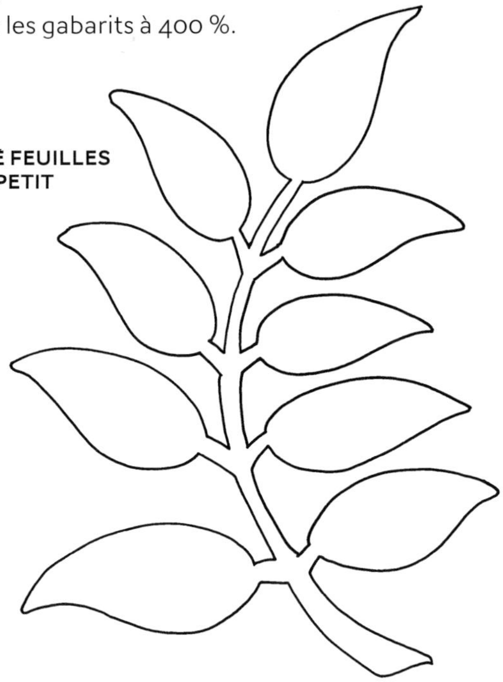

APPLIQUÉ FEUILLES POUR LE GRAND COUSSIN

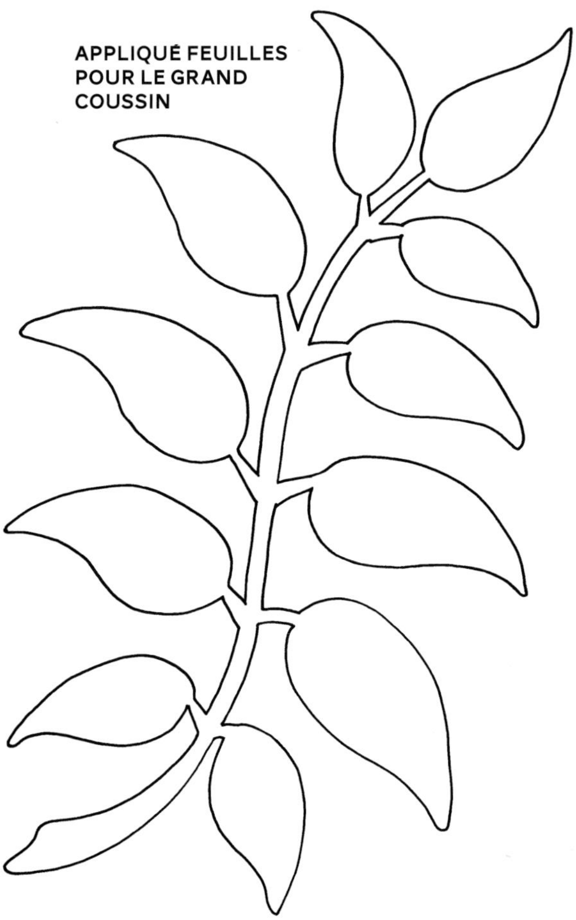

TAIE FESTONNÉE

Pages 102-107

Reproduisez le gabarit à 200 %.

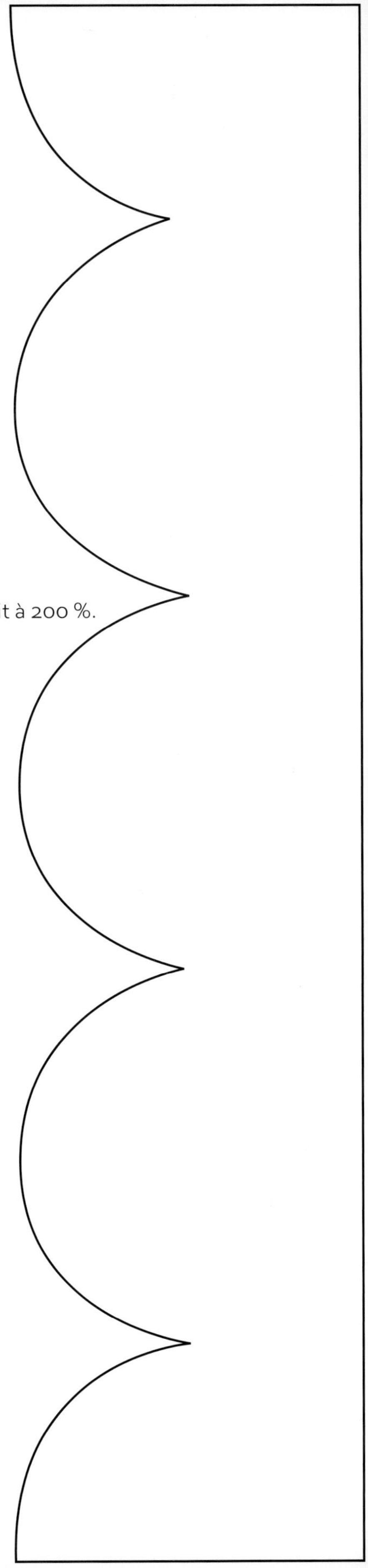

PANTALON DE PYJAMA

Pages 118-123

Reproduisez les gabarits à 400 %.

CEINTURE

- Coupez 1 pièce dans l'imprimé coordonné.

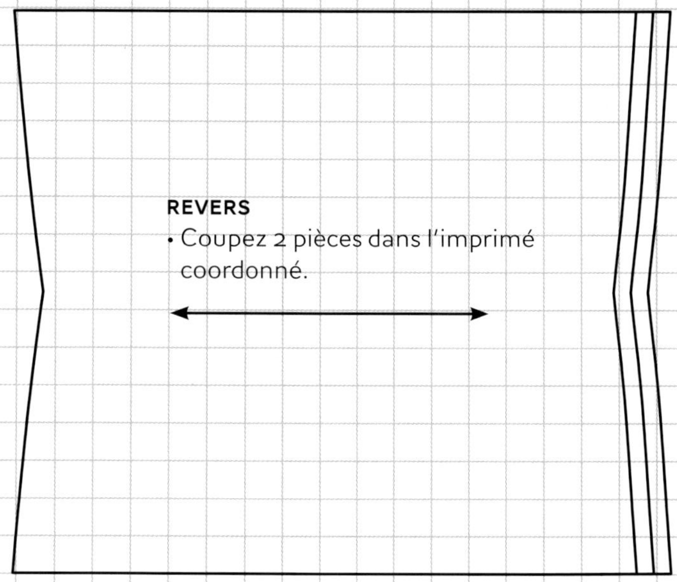

REVERS

- Coupez 2 pièces dans l'imprimé coordonné.

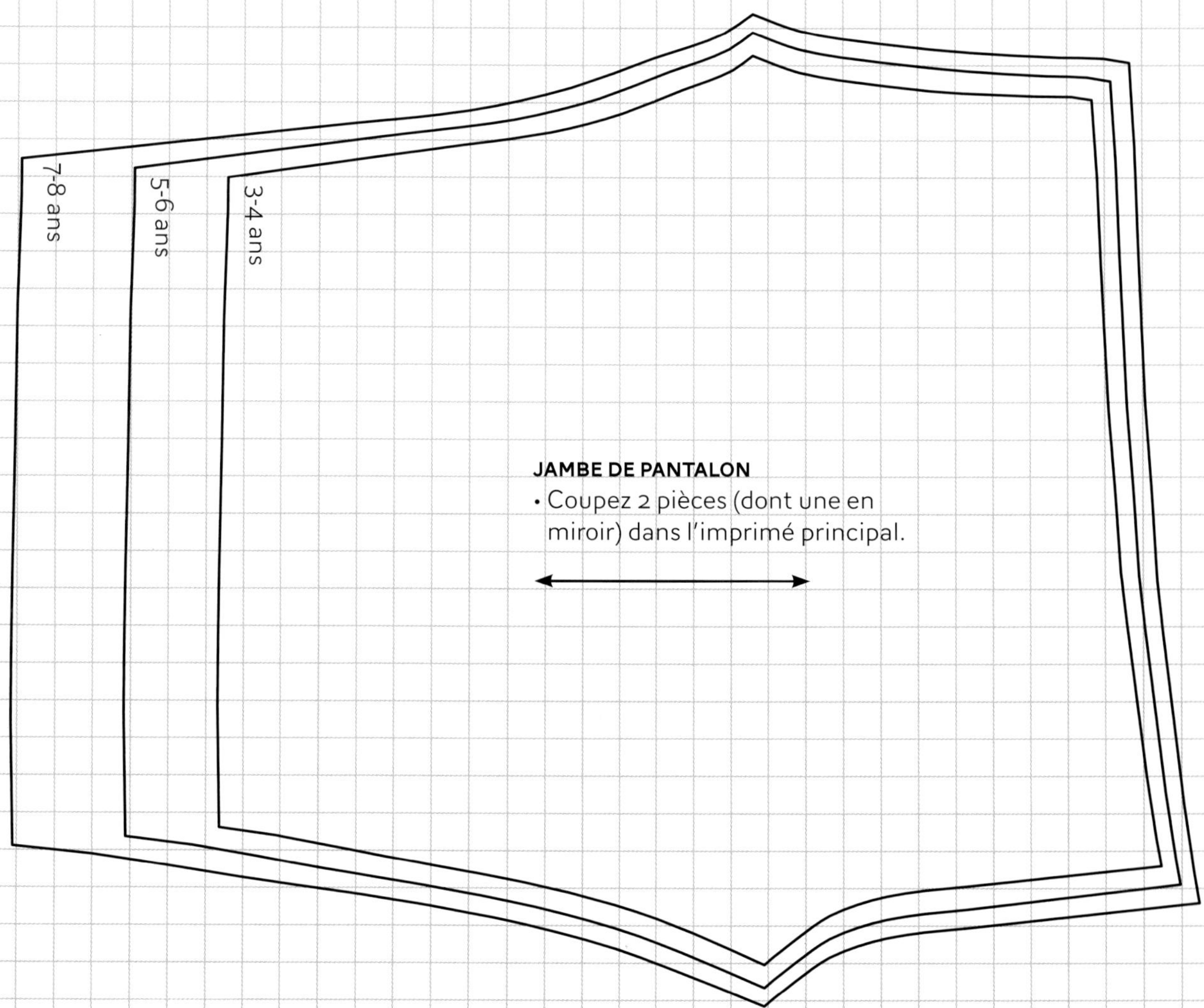

JAMBE DE PANTALON

- Coupez 2 pièces (dont une en miroir) dans l'imprimé principal.

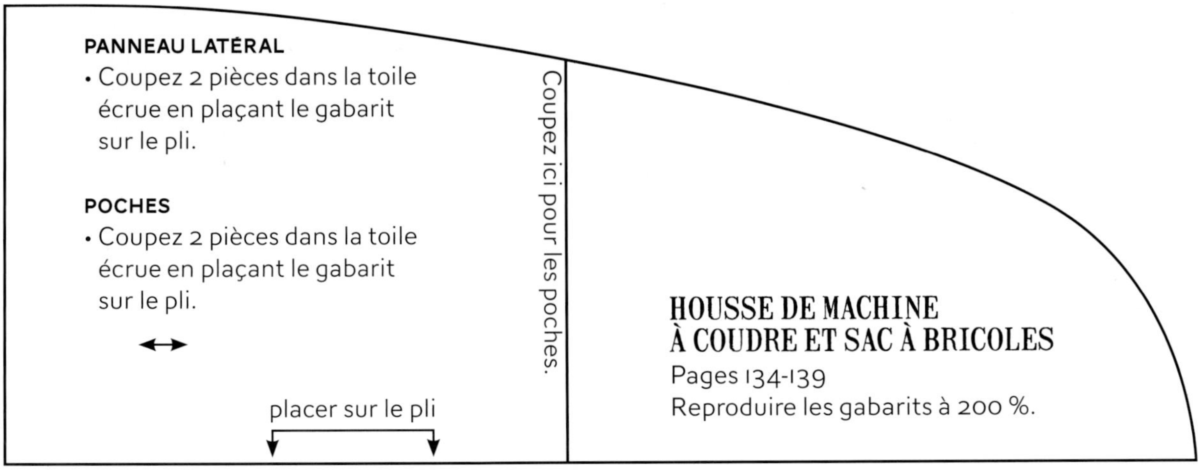

PANNEAU LATÉRAL

- Coupez 2 pièces dans la toile écrue en plaçant le gabarit sur le pli.

POCHES

- Coupez 2 pièces dans la toile écrue en plaçant le gabarit sur le pli.

↔

placer sur le pli

Coupez ici pour les poches.

HOUSSE DE MACHINE À COUDRE ET SAC À BRICOLES

Pages 134-139
Reproduire les gabarits à 200 %.

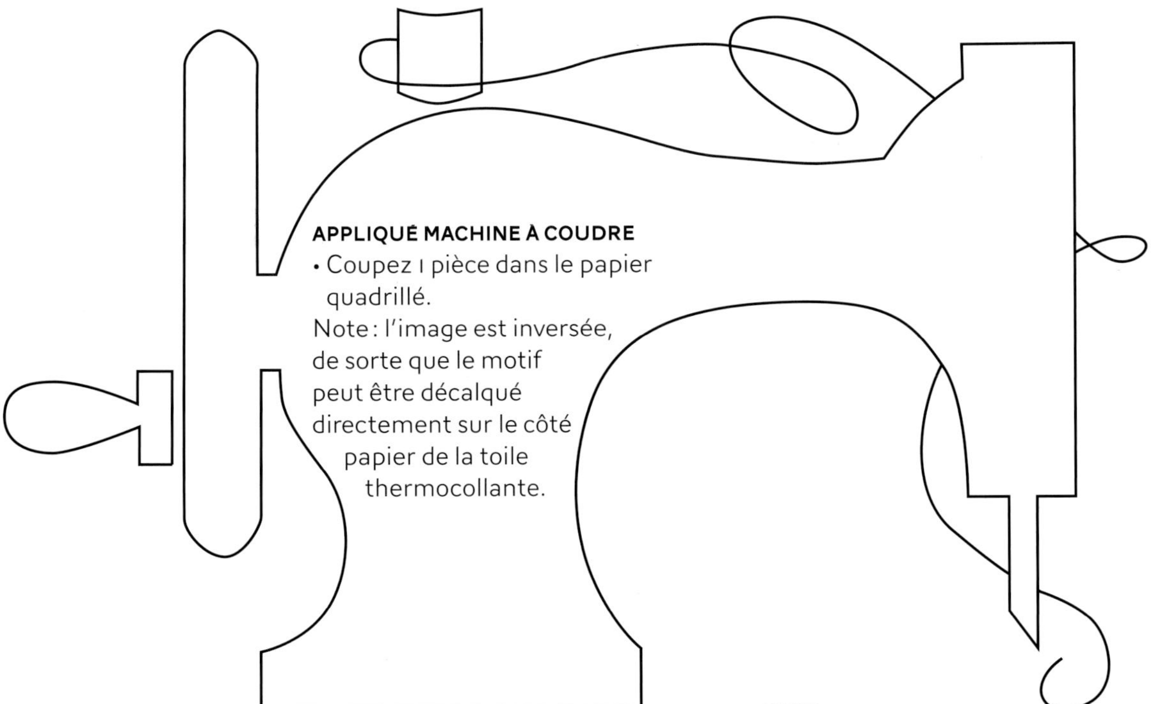

APPLIQUÉ MACHINE À COUDRE

- Coupez 1 pièce dans le papier quadrillé.

Note : l'image est inversée, de sorte que le motif peut être décalqué directement sur le côté papier de la toile thermocollante.

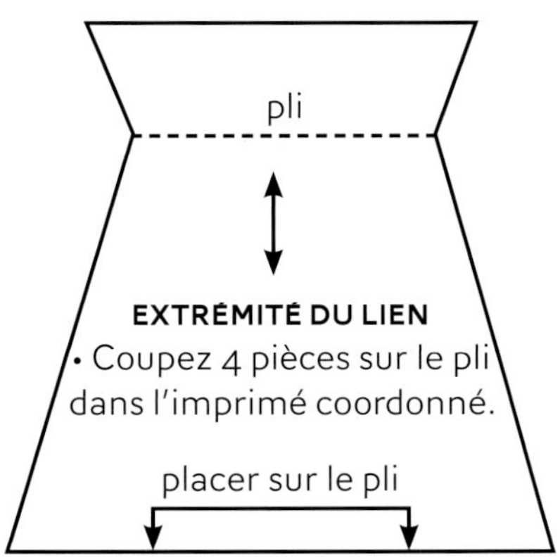

pli

EXTRÉMITÉ DU LIEN

- Coupez 4 pièces sur le pli dans l'imprimé coordonné.

placer sur le pli

OISEAUX SUSPENDUS

Pages 50-55
Reproduisez les gabarits à 220 % pour l'oiseau 1, 200 % pour l'oiseau 2, 160 % pour l'oiseau 3, 140 % pour l'oiseau 4 et 120 % pour l'oiseau 5.

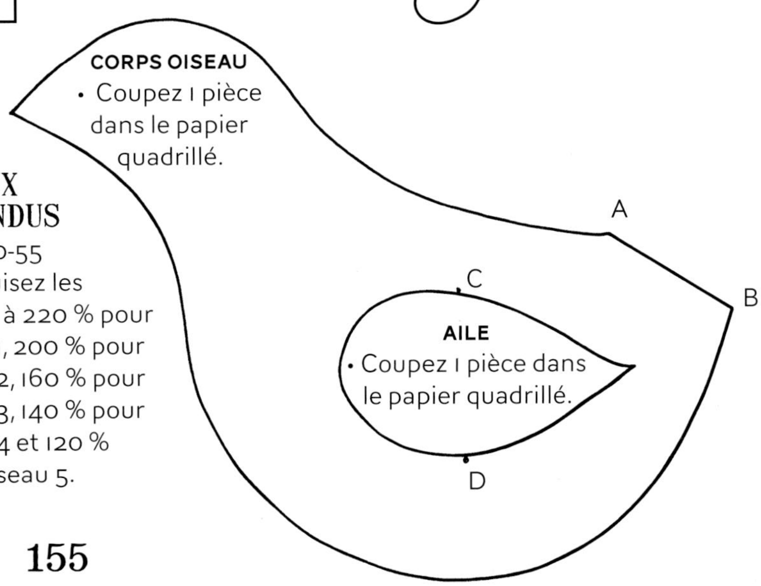

CORPS OISEAU

- Coupez 1 pièce dans le papier quadrillé.

AILE

- Coupez 1 pièce dans le papier quadrillé.

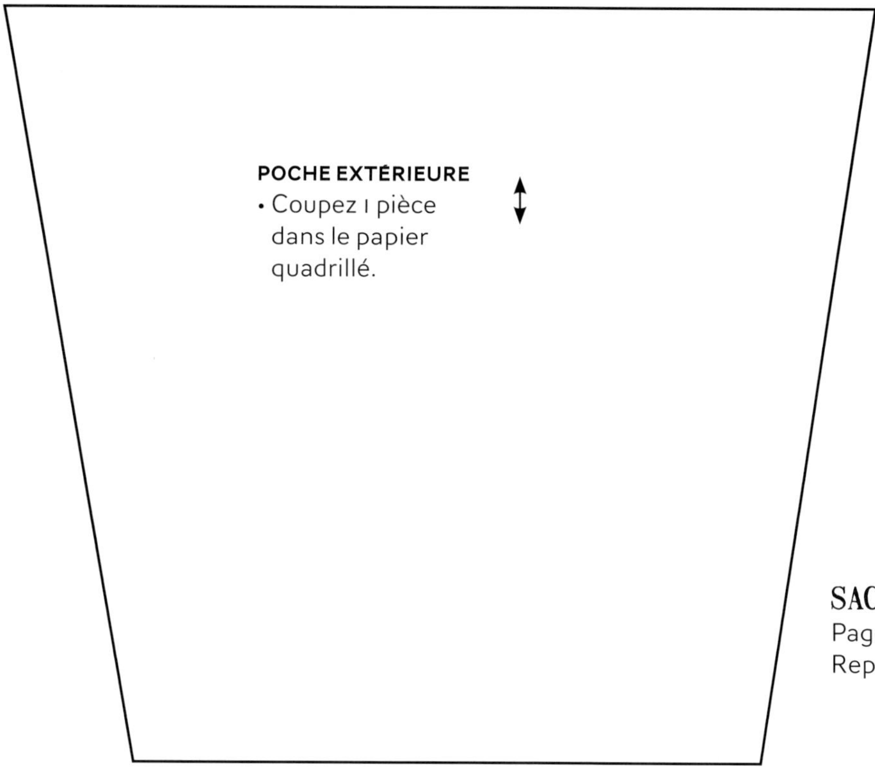

SAC À PIQUE-NIQUE

Pages 124-129
Reproduisez le gabarit à 200 %.

PANIER POUR CHIEN

Pages 130-133
Reproduisez le gabarit à 200 %.

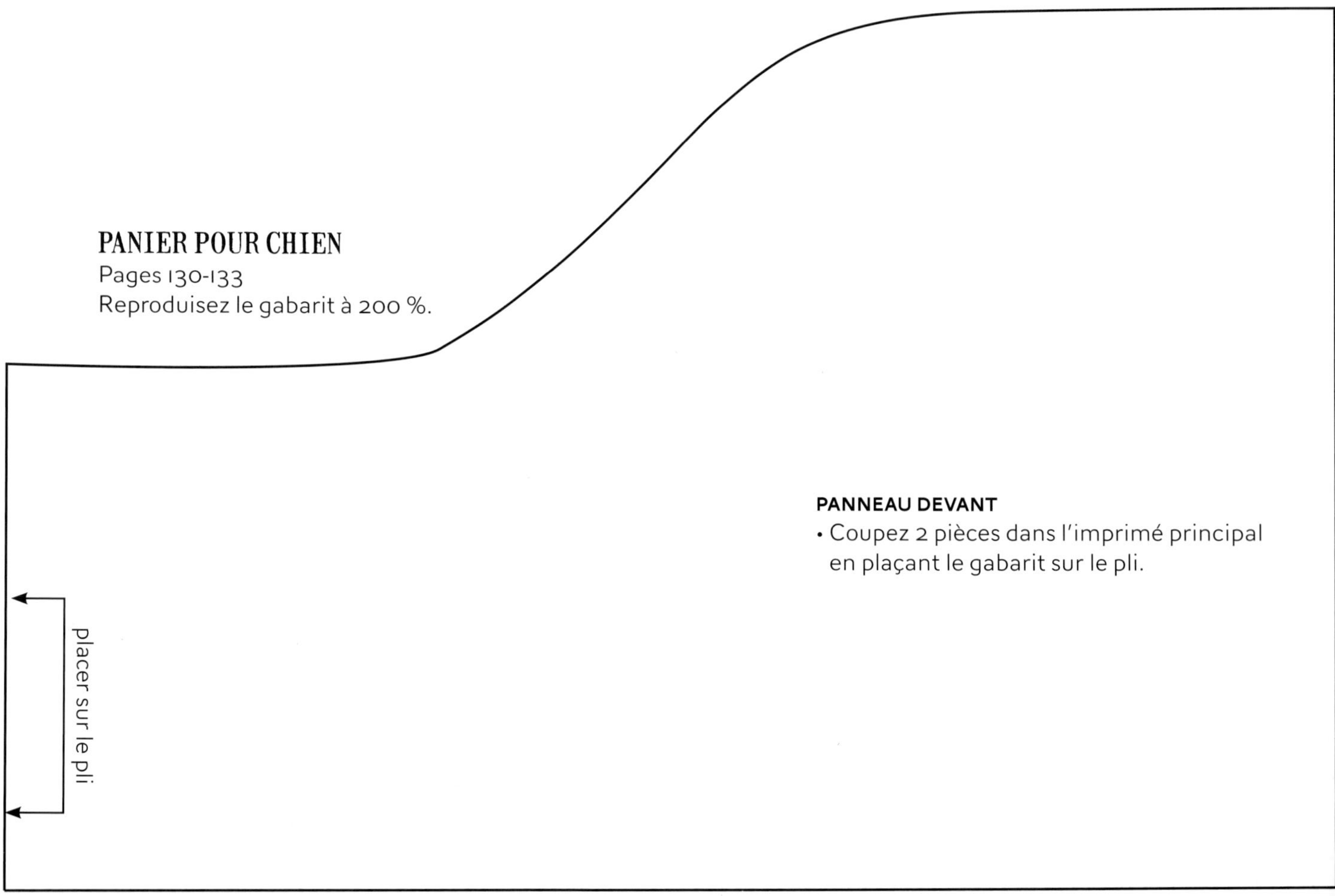

VIDE-POCHES COUTURE

Pages 108-113

Reproduisez le gabarit de la poche à soufflets à 400 % et les autres gabarits à 200 %.

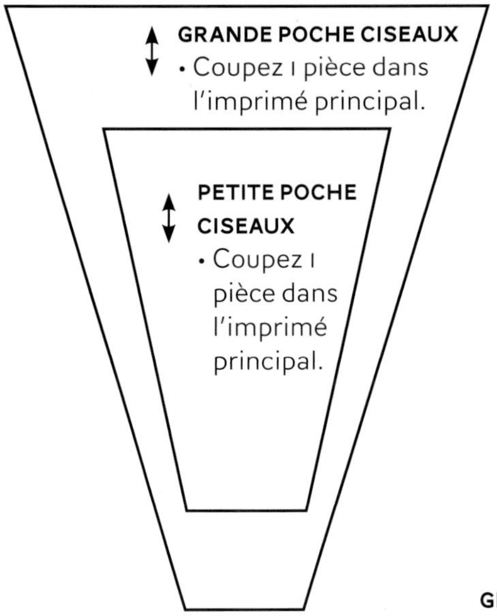

GRANDE POCHE CISEAUX
• Coupez 1 pièce dans l'imprimé principal.

PETITE POCHE CISEAUX
• Coupez 1 pièce dans l'imprimé principal.

POCHE À SOUFFLETS
• Coupez 1 pièce dans l'imprimé principal.

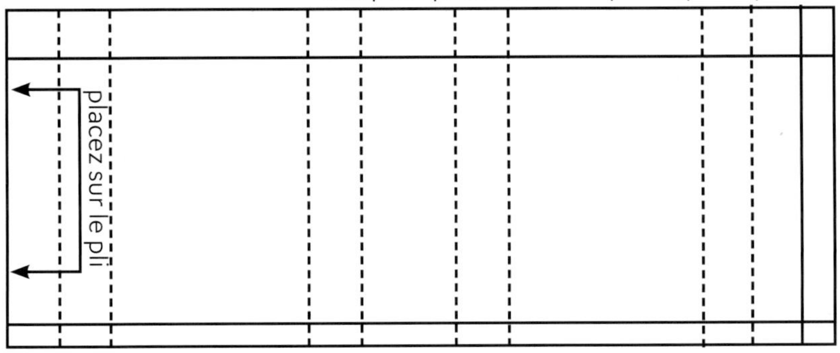

GRANDE POCHE COMPARTIMENTÉE
• Coupez 1 pièce dans l'imprimé principal.

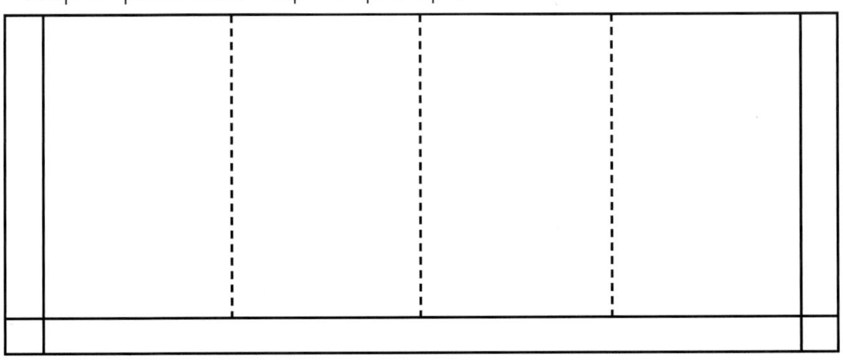

POCHE AIGUILLES À TRICOTER
• Coupez 1 pièce dans l'imprimé principal.

PETITE POCHE COMPARTIMENTÉE
• Coupez 1 pièce dans l'imprimé principal.

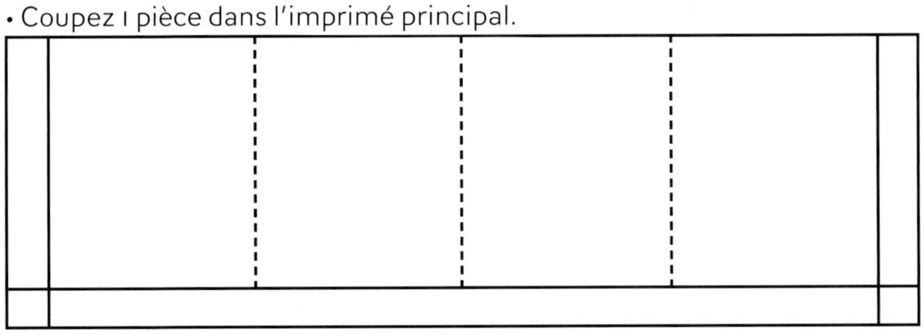

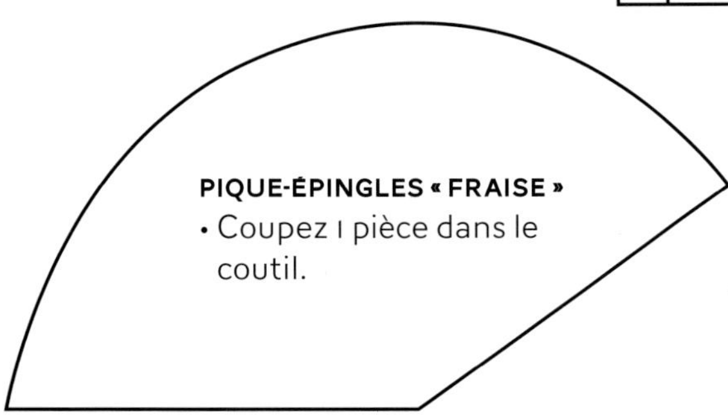

PIQUE-ÉPINGLES « FRAISE »
• Coupez 1 pièce dans le coutil.

QUEUE DE FRAISE
• Coupez 1 pièce dans la feutrine.

DESSUS PORTE-AIGUILLES
• Coupez 1 pièce dans la feutrine.

INTÉRIEUR PORTE-AIGUILLES
• Coupez 1 pièce dans la feutrine.

Tissus Lifestyle Craft

BELL est inspiré d'un motif Liberty de 1963, imprimé aux ateliers Merton Abbey sur de la laine varuna.

CATHERINE est inspiré d'un motif de 1969, imprimé en 1971 aux ateliers Merton Abbey sur de la laine varuna.

COPELAND est inspiré d'un motif de 1965 créé par Friedlande di Colbertaldo Dinzl pour Liberty. Il fut imprimé pour la première fois en 1966, sur de la soie.

CRANSTON est inspiré d'une œuvre d'art du début des années 1900 trouvée dans les archives Liberty.

DANCE est inspiré d'un motif de 1991 conçu par l'atelier Jack Prince. Il figura dans la collection printemps/été 1993.

GARNETT est inspiré de plusieurs motifs Liberty des années 1930, imprimé aux ateliers Merton Abbey en 1971, sur de la laine.

HERBERT est inspiré d'un imprimé Liberty du début du XXe siècle, époque à laquelle la maison était réputée pour ses motifs emblématiques Art nouveau.

LEONARD fut dessiné par Sholto Drumlanrig, créateur de la gamme de tissus Liberty Lifestyle.

LOWKE est inspiré d'une cretonne d'ameublement Liberty datant de la fin des années 1890.

MACKINTOSH, conçu par Sholto Drumlanrig, est inspiré des premiers artistes de la Glasgow School of Art (début XXe siècle).

NEWBURY est inspiré d'un motif de 1965 conçu par Agnes Roberts pour Liberty. Il fut imprimé aux ateliers Merton Abbey en 1966, sur du coton.

RENNIE est inspiré d'un lin d'ameublement Liberty du début des années 1900.

WOOLF est inspiré d'un dessin d'Allan Thomas créé en 1977 pour Liberty. Il figura dans la collection printemps/été 1979.

Kingly Cord

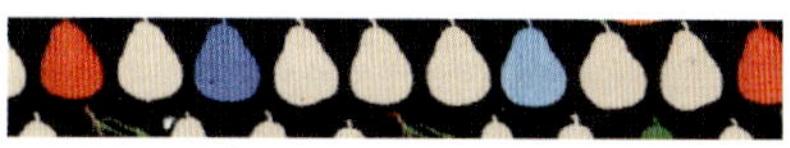

JACK AND CHARLIE est un imprimé à petites poires colorées qui est inspiré d'un motif d'ameublement créé par Liberty au début des années 1990 par l'atelier Jack Prince.

Madauri Cotton

INDIRA est inspiré d'une gaze imprimée de la fin du XIXe siècle, trouvée dans les archives Liberty.

PRIYA est inspiré d'un motif monochrome spécialement conçu pour la collection Liberty printemps/été 2007.

TEHZEEB est inspiré d'un coton imprimé indigo issu d'un carnet d'échantillons Liberty du début des années 1900.

ZAI est inspiré d'un dessin de 1995 créé par Michael Fieldsend pour Liberty, figurant dans la collection printemps/été 1998.

Collection ameublement

FELIX RAISON est inspiré d'un imprimé de tissu vestimentaire, lui-même reprenant les motifs d'un dessin de châle des années 1850 retrouvé dans les archives Liberty.

HEBE est une version monochrome du célèbre motif « plume de paon » de Liberty. Cet imprimé existe depuis les années 1890 et fait partie des incontournables de la marque.

SEPTEMBER ROSLYND est un motif Art nouveau dessiné à la main et créé pour une robe de la collection automne/hiver 2009.

SYDENHAM HALL est inspiré de cartes anciennes du Crystal Palace et fut conçu pour un tissu de robe de la collection printemps/été 2004.

Tana Lawn

ALL KINDS OF FAMILIES associe les empreintes digitales de tous les créateurs de l'atelier de design Liberty. Le motif a été peint à la main puis coloré pour créer une texture tonale globale.

ARANOV est un motif dessiné à la main, représentant une jeune femme et des oiseaux, évoquant la romance du mouvement sécessionniste.

BETSY ANN est une version miniature du célèbre classique « Betsy » de Liberty, datant de 1933.

FARHAD s'inspire de motifs Art nouveau et de labyrinthes paysagers viennois, alliant ainsi l'art et la nature.

FELIX AND ISABELLE est inspiré du dessin d'un châle à motif cachemire des années 1850, trouvé dans les archives Liberty.

GLENJADE fut créé à partir d'un motif de coton Liberty des années 1930. Le designer n'est pas connu mais l'imprimé fait partie des grands classiques de la collection Tana depuis 1979.

HUGO GRENVILLE tire son nom du célèbre peintre botaniste. Ce motif s'inspire de ses œuvres des jardins de l'abbaye de Tresco, en Cornouailles.

JOLIE ROSE reproduit les dessins et peintures d'enfants de cinq ans d'une école primaire parisienne. Les rayures s'inspirent des marinières bretonnes.

KATIE AND MILLIE est un petit motif floral inspiré d'un dessin des archives Liberty créé dans les années 1920.

KAYOKO est un motif floral d'archives de la collection printemps/été 2011.

LODDEN est un dessin original de William Morris, produit pour la première fois par Morris & Co. en 1884.

MABELLE est inspiré de chintz indiens des XVIIe et XIXe siècles. Il fut créé par l'atelier de design Liberty tout spécialement pour la collection Tana Classic de 2007.

MANUELA est inspiré d'un motif de foulard des archives Liberty, créé dans les années 1970. À cette époque, bon nombre de modèles Liberty étaient inspirés de motifs floraux des années 1930.

MARC GOSLING est un motif de feuilles géométriques inspiré d'une variété rare d'héliconia.

MARCO est un motif de minuscules arbres recréé à partir de l'original et imprimé sur des teintures et des fonds foncés donnant une impression de couleur unie.

MARINA SEAFLOWER est un motif peint à la main réalisé d'après la flore exotique des jardins de l'abbaye de Tresco, en Cornouailles.

MAUVERINA est un imprimé floral Art nouveau créé par l'atelier de design Liberty pour la collection automne/hiver 2007.

MAUVEY est un tissu conçu par l'atelier Liberty pour la collection printemps/été 2008, qui associe des fleurs de mauve et des sequins. Il a été retouché pour la gamme classique Tana Lawn en 2011.

MAY ROSE était à l'origine un dessin de tournesols censé représenter la plantation mondiale annuelle de tournesols, le 1er mai, par la guérilla jardinière.

MITSI est inspiré d'un motif créé par Liberty dans les années 1950, représentant de jolies fleurs de cerisier dans un style très japonais. Il a figuré dans la collection Liberty Art Fabrics automne/hiver 2008 avant de devenir un incontournable de la gamme Classic Tana Lawn.

MITSI VALERIA est inspiré d'un dessin de Gillian Farr des années 1950. Ses fleurs de cerisier japonisantes sont un clin d'œil à l'histoire de la maison Liberty.

NINA TAYLOR est un motif simple de feuilles de santal dessinées à la main, créé dans l'esprit du parfum *Avignon* de Comme des Garçons.

OCEANID est un croquis Liberty original créé à la fin des années 1980, associant des motifs botaniques à des objets vintage.

OTTILIA est un motif de forêt fantastique créé par manipulation numérique de photographies, cherchant à saisir l'essence des feuillages exotiques des jardins de l'abbaye de Tresco, en Cornouailles.

PINKY est un motif peint par des élèves de cinq ans de l'école St Bartholomew à Londres.

POINTILLISM fut obtenu à partir de plusieurs couches de peinture à l'huile, créant une texture multicolore qui évoque les champs fleuris des jardins de l'abbaye de Tresco, en Cornouailles.

SAEED est un mélange éclectique de pensées hyperréalistes dessinées à la main par Michael Angove et d'altos abstraits réalisés par un élève du Central Saint Martins College de Londres.

SCILLY FLORA est un imprimé exotique multicolore inspiré de la magnifique flore des jardins de l'abbaye de Tresco, en Cornouailles.

SMALL SUSANNA a été créé par l'atelier de design Liberty pour la collection printemps/été 2005, avant d'être retouché pour la gamme Classic Tana en 2010.

SPECKLE est inspiré de fleurs photographiées au Chelsea Flower Show, sélectionnées – en raison de leurs pétales mouchetés – pour la collection printemps/été 2013.

TRAVELLING THREADS est un motif intégrant des fils dessinés par Debbie Smyth, et évoquant les transports londoniens.

TRESCO est une étude à l'aquarelle de fleurs, fougères et plantes grasses originaires des jardins de l'abbaye de Tresco, en Cornouailles.

WILTSHIRE est un motif de feuilles et baies, créé pour Liberty en 1933. Il fait partie de la gamme Classic Tana depuis 1979.

XANTHE SUNBEAM représente un semis de fleurs dorées des jardins de l'abbaye de Tresco, en Cornouailles, dessiné et peint à l'encre in situ.

LIBERTY
Great Marlborough Street
London W1B 5AH
Angleterre
www.liberty.co.uk

Les tissus Liberty sont disponibles en boutique et en ligne.

REMERCIEMENTS DE L'ÉDITEUR

Merci à Liberty pour les matériaux et accessoires fournis pour cet ouvrage.

Merci à Beg Bicycles pour le prêt de la bicyclette des pages 57 et 60.
www.begbicycles.com